अनुभूति

चिरंजीव सिन्हा • हर्षाश्री

प्रकाशक • **प्रभात प्रकाशन प्रा. लि.**
4/19 आसफ अली रोड,
नई दिल्ली–110002

संस्करण • 2025
मूल्य • चार सौ रुपए
मुद्रक • श्री साई प्रिंटर्स, साहिबाबाद

ANUBHOOTI
by Chiranjeev Sinha & Harshashri ₹ 400.00
Published by Prabhat Prakashan Pvt. Ltd., 4/19 Asaf Ali Road, New Delhi-2
e-mail: prabhatbooks@gmail.com ISBN 978-93-5322-845-3

हमारा यह पहला
साझा प्रयास समर्पित है, उन सभी रिश्तों,
भावनाओं और संवेदनाओं को,
जो हमें इनसान का
दरजा देती हैं।

अनुभूति के स्तर से गुजरते हुए

कभी-कभी बहुत छोटी सी घटना हमेशा के लिए मन-मस्तिष्क में अंकित जाती है। कुछ ऐसा ही उस दिन हुआ, जब मैं प्रयागराज से वाराणसी लौटते हुए रास्ते में थी। चिरंजीव नाथ सिन्हा मेरे अनुजवत् हैं। लखनऊ, उत्तर प्रदेश में अपर पुलिस अधीक्षक (कानून व्यवस्था) के पद पर तैनात हैं। फोन पर उनकी किंचित् संकोच भरी आवाज आई, "दीदी, आपसे एक काम है?" मैंने सहज भाव से पूछ लिया, "संकोच कैसा, बताओ?" उधर से आवाज आई, "दीदी, मेरी कहानियों का एक संग्रह प्रकाशन के लिए तैयार है। आप यदि उसकी भूमिका लिख देतीं तो···।" आग्रह कुछ इतना स्नेह भरा था कि समीक्षा-कर्म से बहुत दूर का नाता रखनेवाली मैं चिरंजीव की कहानियों पर अपना पाठकीय अभिमत देने के लिए किंचित् संकोच के साथ तैयार हो गई।

तकनीकी युग है। मेरे मेल पर कहानियों की पांडुलिपि पलक झपकते पहुँच गई। साथ ही इस सूचना के साथ कि संग्रह की तेईस कहानियों में से ग्यारह चिरंजीव नाथ सिन्हा की और बारह कहानियाँ हर्षाश्री की हैं, जिन्हें चिरंजीव दीदी कहकर पुकारते हैं। हर्षाश्री भारत सरकार में अंडर-सेक्रेटरी पद पर कार्यरत हैं।

दो लेखकों की सम्मिलित कहानियों के संग्रह की पांडुलिपि पढ़ने की उत्सुकता बलवती हो उठी। विज्ञान की पुस्तकों अथवा शोध-पेपर में को-राइटर (सह लेखक) होना बहुत सामान्य बात है। साहित्य में भी ऐसा प्रयोग हुआ है, परंतु दुर्लभ है। हिंदी साहित्य में तो जिन लेखकों ने ऐसा प्रयोग किया है, उसमें पाठकों को शैलीगत, भाषागत विभाजक रेखा साफ-साफ समझ में आ जाती है, परंतु चिरंजीव और हर्षाश्री के इस संग्रह 'अनुभूति : हर रिश्ता कुछ कहता है' की कहानियों की शैली, भाषा और शिल्प कुछ ऐसा है कि नीर-क्षीर की तरह अलग करना मुश्किल है। स्वयं चिरंजीव ने बताया न होता तो शायद मैं भी उन्हें एक ही लेखक की रचनात्मकता के कई रंग

मानती। छोटी-छोटी तेईस कहानियाँ, धरती पर पड़ी पहली बारिश की छोटी-छोटी बूँदों की तरह, सोंधी गंध लिये। रचनात्मकता का अंकुरण, विस्तार के लिए कसमसाता हुआ सा। ऐसा भी नहीं कि दो अधिकारियों के प्रतिदिन के अनुभवों की झलक की झिलमिलाहट हो इन रचनाओं में, जैसा कि पूर्ववर्ती कई अधिकारीनुमा लेखकों की रचनाओं को पढ़ने से प्रतीत होता है। बहुत कम ऐसा होता है कि लेखक का अपना प्रोफेशनल व्यक्तित्व उसकी रचनाओं में प्रतिबिंबित न हो। स्व का विसर्जन ही अच्छे लेखन की पहचान है। चिरंजीव और हर्षाश्री दोनों ही स्वयं को अपनी रचनाओं से पृथक् रखने में सफल रहते हैं। यह विशेषता उन्हें अन्य अधिकारी-लेखकों से अलग करती प्रतीत होती है।

भाषा और कथ्य के सवाल पर भी दोनों लेखक अपनी-अपनी अस्मिता और पहचान के साथ सहज भाव भूमि पर खड़े दिखाई देते हैं। आज की बोलचाल की भाषा में प्राय: अंग्रेजी शब्दों ने अपनी घुसपैठ बना ली है। हम सहज-भाव से अपने दैनंदिन बातचीत में अंग्रेजी के शब्दों का प्रयोग करने लगे हैं। किसी भी भाषा की यही शक्ति भी है और कमजोरी भी। शक्ति इसलिए कि हम अपनी भाषा को दूसरी भाषा के शब्दों से समृद्ध करते चलते हैं, परंतु यह समृद्धि हमारी कमजोरी तब बन जाती है, जब वह भाषा हमारी भाषा पर आधिपत्य जमाने की कोशिश करने लगती है। हिंदी के संदर्भ में मेरा मानना है कि हमें अपनी भाषा की खिड़कियाँ खुली रखनी चाहिए, ताकि बाहर की हवा भी आ-जा सके; परंतु जब तेज हवा से कमरे के भीतर का दीप ही बुझने के कगार पर आ जाए तो हमें अपनी खिड़कियाँ बंद करनी पड़ती हैं। आज हिंदी उसी हाल में आ गई है। अब हिंदी और अंग्रेजी को मिलाकर हमारे समाज में हिंग्लिश का फैशन चल निकला है। लोग 'हैंड वाश' करने के पश्चात् 'राइस' को 'फिनिश' करने की शिक्षा बच्चों को देने लगे हैं। हिंदी अपने ही देश में अपनी दुर्दशा पर सिर धुन रही है। अंग्रेजी व्यंग्य से सिर चढ़ मुसकरा रही है। न राजनीति को फुरसत है, इस पर कड़ा निर्णय लेने की और न नीति बनाने वाले उच्च अधिकारियों को। ऐसे घटाटोप में चिरंजीव और हर्षाश्री अपनी भाषा की खिड़कियाँ खुली रखते हुए भी हथेली की ओट से अपने दीप को बुझने से बचाने का पुरजोर प्रयास करते दिखाई पड़ते हैं। अपनी कहानियों में ये दोनों लेखक भी अंग्रेजी शब्दों का प्रयोग करते हैं, पर उतना ही जितना सहज प्रवाह के लिए आवश्यक है। उदाहरण के लिए मॉर्निंग वॉक, साइंस स्ट्रीम, रैग पिकर्स, सेल्फ रेस्पेक्ट आदि-आदि तमाम अंग्रेजी के शब्द कहानियों में यत्र-तत्र बिखरे हैं।

संग्रह की पहली कहानी 'बादलों में इंद्रधनुष' चिरंजीव द्वारा लिखित है और

अपेक्षाकृत अन्य सभी बाईस कहानियों से लंबी है। एक साधारण दिनचर्या की असाधारण कहानी, जो आगे चलकर फ्लैश बैक में एक प्रेम कहानी में रूपांतरित हो जाती है। कहानी की शुरुआत चौराहों पर संकेतक के साथ रुकी गाड़ियों में बैठे धनाढ्य लोगों के बच्चों के लिए गुब्बारे बेचने वाले दो छोटे बच्चों की जीवनचर्या से शुरू होती है और प्रारंभ में ही लेखक की पैनी-दृष्टि का प्रमाण देती है। पाठकों के हृदय में इन गरीब बच्चों के प्रति जगाई गई संवेदना जिज्ञासावश आगे बढ़ती है, जहाँ इन बच्चों की माँ की प्रेम कहानी सम्मुख बिखर जाती है। अच्छा होता कि चिरंजीव इस लंबी कहानी को दो कहानियों में बाँट देते। एक कहानी में बच्चों की अंतहीन मानसिक पीड़ा तो दूसरी कहानी में खोया हुआ प्यार जगह बना लेता। लेकिन लेखक या कवि को मम्मट ने इसीलिए निरंकुश कहा होगा, क्योंकि वह अपनी अलग स्थापनाएँ देता चलता है।

चिरंजीव द्वारा ही लिखित एक छोटी सी कहानी 'एहसासों का मुलायम वर्क' में एक छोटा बच्चा किसी दुकान में काम करता है। उसका नाम दया है और उसकी माँ नहीं है। दया नन्हा सा पात्र है, इस कहानी का परंतु दया-भाव इस कहानी का उस समय मुख्य-बिंदु बन जाता है, जब नायक विनीत दया को अपनी माँ के पास ले जाता है। ऐसे ही 'कजिन नहीं दीदी' नामक कहानी में शमी नाम का बच्चा आज के कृत्रिम होते रिश्तों की कलई खोलकर रख देता है, जब उसे कजिन का अर्थ समझाया जाता है—"हम सब बस भाई-बहन हैं। सभी एक घर में साथ-साथ रहते हैं। बहन-तो-बहन है। चचेरी और अपनी क्या ?" 'थरमस' कहानी कूड़ा बीनने वाली दो स्त्रियों के आपसी संवाद और चिंताओं की कहानी है, परंतु अभिजात्य भाषा और अनावश्यक लेखकीय आदर्श स्थापना से थोड़ी कृत्रिम सी हो उठी है।

चिरंजीव ने अपने आस-पास के वातावरण को अपनी खोजी दृष्टि से देखा है और तब कहानियों का ताना-बाना बुना है। चिरंजीव पुलिस विभाग में एक वरिष्ठ अधिकारी हैं, परंतु उनका मन एक अत्यंत संवेदनशील कवि का है, जो 'रोशनदान की जाली और वे चिड़ा-चिड़ी', जैसी कहानियों के द्वारा चिड़ियों की संवेदना तक को स्वर देता है तो 'माताजी को हँसाने की ड्यूटी' जैसी कहानी लिखकर सरकारी विभाग का वह पक्ष दिखाता है, जहाँ अफसरशाही का चरम देखने को मिलता है। एक अधिकारी स्वयं अपनी माँ की सेवा न करके अपने अर्दली को उनकी सेवा में लगा देता है। उसी प्रकार 'बिटिया का पावर हाउस' एक अत्यंत छोटी कहानी होते हुए भी बड़े संदर्भ की कहानी बन बैठती है, जब अनन्या कहती है, "ससुराल और गृहस्थी के आकाश में पतंग बन उड़ रही आपकी बिटिया बस चाहती है कि विदा होने के

बाद भी उसकी डोर जमीन पर बने उस घरौंदे से जुड़ी रहे, जिसमें बचपन से लेकर युवावस्था तक के उसके अनेक सपने अभी भी तैर रहे हैं।" बाजारवाद के प्रभाव में मशीन होती संवेदनाओं और संबंधों को लेकर चिरंजीव जैसा लेखक व्यापक बेचैनी महसूस करता है और उसी बेचैनी से उपजी हैं, इस संग्रह की उनकी ग्यारह कहानियाँ।

चिरंजीव की तरह ही हर्षाश्री की कहानियों में भी जीवन के इंद्रधनुषी रंग बिखरे पड़े हैं। एक सहज प्रवाह और लयात्मकता के साथ अपनी कहानियों का ताना-बाना बुनती हैं हर्षाश्री और पानी पर पड़ी बूँद की तरह धीरे-धीरे ये कहानियाँ फैलती हैं। भारतीय संस्कृति में सुदीर्घ की नींव का ही महत्त्व है। हमारे यहाँ विवाह कुछ वर्षों का कॉन्ट्रैक्ट जैसा संबंध नहीं होता, बल्कि जन्म-जन्मांतर का बंधन माना जाता है यह। हर्षाश्री की कहानी 'दूध पर जमी मलाई' उसी भारतीय संस्कृति में पति-पत्नी के अटूट रिश्ते की कहानी है, जहाँ मान है, मनुहार है, रूठना है, मनाना है, पर सबके बावजूद एक मजबूत डोर है, जो दांपत्य को दरकने नहीं देती, टूटने नहीं देती है। यह छोटी सी कहानी पति-पत्नी के बीच रूठने-मनाने से प्रारंभ होती है और अंत होते-होते सुखांत में बदल जाती है। 'निःशब्द' कहानी संवेदना को झकझोर कर रख देने वाली कहानी है। आमतौर पर माँ को सहज और ममता से छल-छल छलकता माना जाता है और पिता को कठोर। इस कहानी में भी जीवन भर पिता का बाहरी स्वभाव माँ की अपेक्षा बहुत कठोर दिखाया गया है। पर माँ के निधन के बाद नितांत एकाकी और गुमसुम हो गए पिता को देखकर बेटे श्रवण का मन उनकी गोद में लेटकर उनका दुःख बाँट लेने का होता है, परंतु बचपन से पिता को एक कठोर और अनुशासन प्रिय व्यक्तित्व के रूप में देखते रहने की उसकी आदत है, इसलिए माँ की तरह कभी आत्मिक संबंध वह अपने पिता के साथ महसूस नहीं कर पाया था। श्रवण ऊहापोह में है। वह पिता के गले लगकर रोना चाहता है, पर कहीं-न-कहीं पिता की नारियल की तरह की कठोरता उसके कदम रोक देती है। नारियल के भीतर की तरलता का एहसास ही नहीं हो पाता उसे। आखिर धैर्य का बाँध टूट जाता है और माँ की मृत्यु से दुःखी पुत्र अपने पिता के गले से लगकर फूट-फूटकर रो पड़ता है। कहानी की अंतिम पंक्तियाँ हृदय को झकझोर देती हैं—"जाने कितनी देर तक पिता-पुत्र निःशब्द रोते रहे। एक साझे दर्द ने उस अदृश्य दीवार को गिरा दिया था। माँ चली गई थीं, पर श्रवण को पापा मिल गए थे, कुछ-कुछ माँ जैसे।"

'संप्रेषण' हर्षाश्री की गहन संवेदना का एक आईना है, जिसमें छोटू नाम का एक बच्चा कथा का पात्र है। उसकी त्रासदी यह है कि वह एक ढाबे में नौकर है। उसके हाथ से गिरकर कप टूट जाता है। मालिक का कर्कश व्यवहार बालक छोटू

को रुला देता है। एक ग्राहक जो ढाबे में खाना खा रहा होता है, उसे छोटू में अपना पुत्र सार्थक नजर आता है। वह अपनी ओर से टूटे हुए कप के पैसे दुकानदार को देता है। पाठकों को यह कहानी फिल्मी लग सकती है, परंतु कहानी के अंत की भाषा पूरी कहानी को सँवार देती है—"मैंने उँगलियों की कंघी बनाकर उसके बाल सँवार दिए और हथेलियों से उसका मुँह पोंछ दिया। मैं कल फिर आऊँगा बेटा तुमसे मिलने।" अंग्रेजी साहित्य में एक ट्रैजिक रिलीफ होता है, कुछ वैसा ही महसूस करता है पाठक इस कहानी के अंत में पहुँचकर।

'बैकबोन' कहानी एक ऐसी स्त्री की कहानी है, जो प्राय: समस्त स्त्री समाज का प्रतिनिधित्व करती है। उपेक्षा और गृहस्थी का बोझ लादे पत्नी के श्रम को उसका सह यात्री कब और कितना समझ पाता है ? परंतु कभी-कभी कुछ परिस्थितियाँ ऐसी आ जाती हैं कि पुरुष को न चाहते हुए भी स्त्री की पीड़ा का अनुभव हो उठता है और पश्चात्ताप में निखरा उसका मुट्ठी भर प्यार स्त्री को ऊर्जा से भर देता है। स्त्री की चाहत और पुरुष के स्वभाव में कितना अंतर होता है, इस कहानी का मुख्य प्रतिपाद्य है और पुरुष समाज के लिए सीख भी। 'बोंसाई' कहानी के माध्यम से भी हर्षाश्री स्त्री के भीतर की छटपटाहट और व्यापक बेचैनी को उजागर करती है, जहाँ पति को भी अनुभव होता है कि उसने अपनी पत्नी को बोंसाई की तरह घर में सजाकर रखा है। वह पश्चात्ताप में डूब जाता है—"वह उसकी जीवन संगिनी नहीं, बोंसाई है। उसके मन को पढ़े बिना ही रस्मों-रिवाजों और वर्जनाओं की कैंची से काँट-छाँटकर सजा दिया गया है, घर के गमले में।" पति का पश्चात्ताप पत्नी के सूने जीवन को सितार की झंकार से भर देता है। 'मियाँ गुमसुम और बत्तो रानी' शीर्षक कहानी भी पति-पत्नी के बीच हास-परिहास की हलके मूड की कहानी है, जो आज की गंभीर, ऊबाऊ जीवनशैली के लिए शायद एक टॉनिक है।

चिरंजीव और हर्षाश्री का यह संग्रह नव-रचनात्मकता के लिए अभिनंदनीय है। मनोरंजन और सीख दोनों के सम्मिश्रण से लिखी गईं, ये कहानियाँ पाठकों को प्रिय लगनी चाहिए। इन कहानियों की समीक्षा भविष्य में लोग करेंगे। मेरा तो बस इन कहानियों पर थोड़ा सा कहना मात्र है। शुभकामनाओं के साथ।

—नीरजा माधव

मधुबन

सारनाथ, वाराणसी

आत्मकथ्य

हर लम्हा कुछ कहता है, वह आपके कानों में कुछ फुसफुसाकर चला जाता है। मैं अपने आपको छोड़ देता हूँ उस लम्हे के साथ, उसी के भाव में बह जाने के लिए और इस तरह आकार ले लेती है एक नई कहानी।

यह कहा जाता है कि स्त्री और पुरुष का समाज को देखने का नजरिया अलग-अलग होता है, पर शायद एक लेखक के तौर पर यह इतना भिन्न भी नहीं होता, संवेदना के सूक्ष्म धरातल पर चाहे वह स्त्री हो या पुरुष उसे जैसे ही यह एहसास होता है कि हर रिश्ता और कुछ नहीं बस आपका थोड़ा सा समय एवं साथ चाहता है तो उसके दिल की अनुभूति उस लम्हे में समाई हुई भावों से स्पंदित होकर एक रचना के रूप में उसकी लेखनी से नि:सृत होने लगती है। मुझे विश्वास है कि मेरी और हर्षा दी का यह साझा कहानी-संग्रह इस तथ्य के साथ आपके दिल में जरूर उतरेगा।

मैं सर्वप्रथम शुक्रगुजार हूँ अपनी माँ श्रीमती तारा सिन्हा का, जिन्होंने बचपन से लेकर अब तक अपनी अद्भुत किस्सागोई से अनेक कहानियाँ सुनाकर मुझमें एक कहानीकार को जन्म दिया। लेखक बनने के बीज शायद उन्हीं दिनों अवचेतन में पड़ गए थे। इस कार्य में मुझे सबसे ज्यादा सहयोग दिया मेरी पत्नी रश्मि ने, जो मेरी कहानियों की प्रथम पाठिका होने के साथ-साथ सर्वश्रेष्ठ समालोचिका भी हैं। मुझे गर्व है हर्षा दी के साथ इस पुस्तक का सह लेखक होने पर, जिन्होंने एक बड़ी बहन के नाते हर कहानी पर मुझे बहुमूल्य सुझाव दिया। इन कहानियों की रचना में मुझे अपनी दोनों बेटियों पावनी एवं लहर का निरंतर स्नेहिल सहयोग मिलता रहा। मैं पूजा श्रीवास्तव का विशेष आभारी हूँ, जिन्होंने इस पुस्तक के मुख्य पृष्ठ को डिजाइन करने के साथ-साथ हर कहानी के लिए मनभावन स्केच बनाया। इस अवसर पर मैं विशेष रूप से अपनी माँ तुल्य सास स्व. श्रीमती उमा रानी का कृतज्ञ

हूँ, जो बीमार होने के बावजूद मेरी हर कहानी को पढ़कर दिल से अपनी राय देती थीं।

मैं संजीव कुमार का विशेष रूप से आभारी हूँ, जिन्होंने इस पुस्तक की सामग्री को टंकित करने में हमें यथेष्ट सहयोग दिया। मैं पुलिस उपाधीक्षक श्री अजीत एवं मित्र श्री राम कुमार वर्मा को धन्यवाद ज्ञापित करता हूँ, जिन्होंने इस पुस्तक के प्रकाशन में हमारा सहयोग किया।

मैं शुक्रगुजार हूँ अपने पापा श्री दीनानाथ सिन्हा, सभी परिजनों, मित्रों का, जिनकी खट्टी-मीठी टिप्पणियों ने मुझे स्वयं को माँजने और सँवारने में सहयोग किया।

किसी लेखक के लिए जब उसकी कोई कहानी केवल उसकी न रहकर पूरे समाज की हो जाती है तो इससे अधिक खुशी की बात उसके लिए और कोई नहीं होती। इस पुस्तक की कहानियाँ भी आप पाठकों की हो जाएँ, इसी अभिलाषा के साथ··

—चिरंजीव सिन्हा

कुछ अपने मन की

कहानियाँ··अनायास ही टकरा जाती हैं मुझसे।

कभी राह चलते कुछ ऐसा दृष्टि में आता है कि एक छोटी सी कहानी अमलतास के पीले झुमके की मानिंद मेरी हथेली में आ गिरती है। कभी रातों में खिड़की के पार से चाँद के संग कोई संवेदना मचल उठती है, कागज पर उकेरे जाने के लिए। कहती है, मेरी बारी कब आएगी।

अपने आस-पास बिखरी पड़ी ऐसी भावनाओं और संवेदनाओं को शब्दों में सँजोने की कोशिश करती हूँ।

आम धारणा है कि एक ही घटना को स्त्री व पुरुष भिन्न दृष्टिकोण से देखते हैं। स्त्री संवेदनात्मक हो उठती है, तो पुरुष विवेचनात्मक हो जाता है। परंतु मेरा अनुभव कहता है कि संवेदनाएँ स्त्री या पुरुष होने से कम या ज्यादा नहीं हो जातीं, बल्कि मेरा ऐसा भी अनुभव रहा है कि कई बार दोनों के दृष्टिकोण एक-दूसरे के पूरक होते हैं। स्त्री और पुरुष एक-दूसरे के दृष्टिकोण को समझ लें तो संवेदनाएँ परिपूर्ण हो उठती हैं।

मुझे विश्वास है कि मेरा और मेरे भाई समान बहनोई चिरंजीव सिन्हा का यह साझा कहानी-संग्रह आपको अपना सा लगेगा।

शुक्रिया, एक बहुत छोटा सा शब्द है, पर उसका अर्थ बहुत गहरा है। मैं अपने माता-पिता श्री अशोक कुमार श्रीवास्तव व स्व. श्रीमती उमा रानी की बेहद शुक्रगुजार हूँ कि उन्होंने सदैव मेरा मार्गदर्शन किया व अपने स्नेह से मुझे प्रेरणा देते रहे। मेरी माँ मेरी कहानियों की प्रथम पाठिका रही हैं। उनके जाने के बाद भी उनके आशीर्वाद ने सदैव मुझे बेहतर लेखन के लिए प्रेरित किया है।

मैं अपने पति अरविंद श्रीवास्तव तथा समस्त परिवारजनों की आभारी हूँ कि उन्होंने मुझे अपने ऑफिस के कामकाज के साथ लेखन कार्य करने में सदैव

सहयोग किया, मेरा उत्साह बढ़ाया और मेरे लेखन को बेहतर बनाने के सुझाव दिए।

एक स्त्री के लिए अवर्णनीय पल होता है, जब परिवारजन उससे जुड़े होने पर गर्व अनुभव करते हैं। मैं सौभाग्यशाली हूँ कि मुझे ऐसा परिवार मिला। मैं अपने नटखट, परंतु संवेदनशील पुत्र स्वप्निल की भी आभारी हूँ, वह मेरी कहानियों का सुधी पाठक रहा है व उन्हें पढ़कर अपनी राय भी देता रहा है।

शब्दों को तसवीर का संग मिल जाए तो उनका प्रभाव और बढ़ जाता है। मैं कहानी के कथ्य को और प्रभावी बनाने वाले रेखाचित्रों व कवर पृष्ठ के डिजाइन के लिए पूजा श्रीवास्तव की बेहद आभारी हूँ।

चिरंजीव सिन्हा के साथ इन कहानियों को सजाने-सँवारने का सफर बेहद खूबसूरत रहा। अलग-अलग शहरों (दिल्ली व लखनऊ) में रहते हुए कहानियों पर एक-दूसरे से राय-मशवरा करना व संग्रह को पुस्तक के रूप तक लाना न भूलने वाला अनुभव है।

रिश्ते-नातों, भावनाओं और संवेदनाओं के इस सफर में आप सब हमारे साथी बनेंगे, इसी आकांक्षा के साथ¨

—**हर्षाश्री**

अनुक्रम

चिरंजीव सिन्हा की कहानियाँ

हर्षाश्री की कहानियाँ

बादलों में इंद्रधनुष

—चिरंजीव सिन्हा

ਸੁਪਨਿਆਂ ਦੇ ਗਿਲਾਫ

ਚਿਤਰੀ ਸਹਿਯੋਗੀ —

लखनऊ शहर के दिल की धड़कन कहे जानेवाले हजरतगंज चौराहे के पूरब कोने पर हनुमानजी का एक प्राचीन मंदिर है। माधव प्रतिदिन अपने आराध्य हनुमानजी का दर्शन करने के लिए वहाँ जाता है। अपने आराध्य का दर्शन करने के साथ-साथ मंदिर के बरामदे में खड़े होकर उस व्यस्त चौराहे की गतिविधियों को कुछ पल के लिए निहारना एक खास वजह से उसकी दिनचर्या का अहम हिस्सा बन गया था।

दरअसल चौराहे के चारों तरफ से आनेवाली सड़कों पर कई बच्चे तरह-तरह की चीजें बेचते हैं। चौराहे के ट्रैफिक लाइट का सिग्नल लाल होते ही ये बच्चे गुब्बारे, खिलौने आदि लेकर रुकती-ठहरती हुई गाड़ियों के पास दौड़ पड़ते और जल्दी-जल्दी मोल-भाव कर सौदा निपटाने लगते। उम्र में कम होने के बावजूद भी उनमें गजब का हुनर था। वे बड़ी तेजी से भाँप जाते कि किस गाड़ी में उनके माल बिकने की संभावना ज्यादा है। आपस में तकरार न हो इसलिए उन बच्चों ने सड़क को अपने-अपने हिस्सों में बाँट लिया था। माधव गाड़ियों के पीछे उन भागते-दौड़ते लड़कों को देखकर सोचने लगता कि 'लाल, पीली, हरी बत्तियों का जलना-बुझना सड़क पर दौड़ रही गाड़ियों को ही नहीं, बल्कि इन मासूम लड़कों की जिंदगी का भी रिमोट कंट्रोल है। हर 30 सेकंड में बदलता हुआ ट्रैफिक सिग्नल इनको अपने नए ग्राहकों की पहचान करने और उन्हें संतुष्ट करने में इतना मशरूफ रखता है कि इन्हें अपनी जिंदगी और अपने सपनों के बारे में सोचने का रत्ती भर भी मौका नहीं मिलता।'

बहुत दिन से उस चौराहे पर उसे दो लड़के नियमित रूप से सामान बेचते दिखाई पड़ते। जिनमें से एक की उम्र लगभग 10-11 वर्ष और दूसरे की उम्र 12-13 वर्ष की होगी। शायद वे दोनों भाई थे, क्योंकि दोनों की शक्लें आपस में काफी मिलती-जुलती थीं। दोनों लड़के चौराहे की एक-एक सड़क पर अपना

स्वयंभू-साम्राज्य स्थापित कर लेते, किंतु हर चक्कर के बाद चौराहे के मंदिर वाले कोने में इकट्ठा होना नहीं भूलते। जब कभी वे मिलते, छोटा वाला अपनी बिक्री के पैसे बड़े को थमा देता और बड़ा वाला छोटे वाले को बीच-बीच में अपनी जेब से एकाध बिस्कुट या टॉफी दे देता, फिर वे दोनों आपस में कुछ गंभीर मुद्रा में यों बातें करते जैसे क्रिकेट की पिच पर दो बल्लेबाज आगे की रणनीति बना रहे हों। पता नहीं उन दोनों लड़कों में क्या आकर्षण था कि रोज आते-जाते इन लड़कों को देखते-देखते माधव का जुड़ाव भी उनके साथ दिन-प्रतिदिन गहरा होता जा रहा था। वह रोज उन दोनों को नियमित रूप से मंदिर में चढ़ाया हुआ प्रसाद देता था। एकाध बार उसने उन्हें कुछ रुपए भी देने चाहे, लेकिन उन दोनों ने बहुत विनम्रता से यह कहते हुए मना कर दिया कि "बाबूजी, ऐसे तो माँग कर पैसे लेने की आदत पड़ जाएगी।" उन लड़कों के निरंतर व्यस्त रहने के कारण उनसे ज्यादा बात तो उसकी नहीं हो पाती थी, किंतु जो थोड़ी-बहुत बातचीत हुई, उससे यह पता चला कि वे दोनों सगे भाई हैं। बड़े का नाम इंद्र और छोटे का नाम धनुष है। उनके माता-पिता बिहार के दरभंगा जिले से रोजी-रोटी की तलाश में लखनऊ आए थे, लेकिन उनके पिता अब इस दुनिया में नहीं रहे, क्योंकि किसी सड़क दुर्घटना में उनकी मृत्यु हो गई थी। सिर्फ माँ हैं, जो बीमार रहती हैं।

उस दिन बारिश हो रही थी। इसलिए लोग ट्रैफिक सिग्नल पर रुकने के बाद भी अपनी गाड़ियों का शीशा नीचे नहीं उतार रहे थे। लेकिन पेट की आग से मजबूर वे लड़के बारिश से बेपरवाह ट्रैफिक सिग्नल पर ठहर रही गाड़ियों के पास जाकर दौड़-दौड़कर उन गाड़ियों में बैठे यात्रियों से गुब्बारे, खिलौने आदि सामान खरीदने की मनुहार कर रहे थे। माधव सोच रहा था कि 'किसानों के लिए यही बारिश अमृत होती है और इन लड़कों के लिए मानो बाढ़ की विभीषिका।'

दूसरे लड़कों की तरह वे दोनों लड़के भी पानी में भीग-भीग कर गुब्बारे-खिलौने बेचने के लिए इन गाड़ियों के पीछे दौड़ रहे थे। यदि कोई सौदा बन जाता तो उन लड़कों की खुशी का ठिकाना नहीं रहता। सामान बेचते समय साँवले चेहरे वाले इन लड़कों के दाँत खुशी से ऐसे चमक उठते, जैसे मेघाच्छन्न आसमान में सहसा बिजली की रजत रेखा खिंच गई हो।

लगातार बारिश से सड़क पर बहुत फिसलन हो गई थी, लेकिन पेट की आग भला इस बारिश से कैसे बुझ सकती थी। थोड़े अंतराल के बाद छोटे लड़के धनुष की साइड वाली सड़क पर ट्रैफिक सिग्नल की बत्ती के लाल होते ही गाड़ियों के

पहिए थमने शुरू हो गए और इसके साथ ही उस छोटे लड़के के पाँव रुकती हुई गाड़ियों की ओर तेजी से बढ़ने लगे। एक चमचमाती इनोवा में एक छोटी बच्ची अपने पिता के साथ बैठी थी। उसे देखकर धनुष की आँखें चमक उठीं। गुब्बारे, खिलौने सँभालता हुआ, वह अपने संभावित ग्राहक की ओर दौड़ पड़ा। कार में बैठी वह नन्ही परी इन रंग-बिरंगे गुब्बारों को देखते ही मचल पड़ी।

लड़की, "पापा, पापा! प्लीज, गुब्बारे दिला दो न।"

पापा, "बेटा, कल ही तो गुब्बारे ले गया था। क्या करोगी इतने सारे गुब्बारों का?"

लड़की, "पापा, इन गुब्बारों के प्रिंट बहुत प्यारे हैं, प्लीज दिला दो न। मेरे अच्छे पापा, प्लीज दिला दो न।"

पापा, "ओ.के., स्वीटहार्ट।"

लड़की के पिता ने गुब्बारे बेच रहे उस लड़के से पूछा, "बेटा, कितने के हैं गुब्बारे?"

धनुष, "बाबूजी, 20 के चार।"

लड़की का पिता, "पर मेरे पास तो सौ का नोट है, तुम्हारे पास फुटकर हैं क्या?"

धनुष, "है तो नहीं, बाबूजी! पर मैं तुरंत फुटकर करा दूँगा।"

लड़की का पिता, "रहने दो भैया! टाइम भी कम है, फिर कभी।"

धनुष, "बाबूजी आज सुबह से बोहनी भी नहीं हुई है, प्लीज ले लीजिए। मैं तुरंत फुटकर करा कर आपके पैसे वापस कर दूँगा।"

शायद धनुष की आँखों में हिलोरे लेते करुणा एवं दया के सागर ने उस छोटी बच्ची के पिता को द्रवित कर दिया। लड़की के पिता ने उसे 100 रुपए का नोट पकड़ाते हुए कहा, "अच्छा भैया, 4 गुब्बारे दे दो।"

धनुष ने झट से अलग-अलग रंगों के चार गुब्बारे उन्हें पकड़ाए और 100 रुपए का नोट लेकर दौड़ पड़ा अपने भाई के पास छुट्टे कराने के लिए।

इधर रुपए और छुट्टे की बातों से बेखबर अपनी दुनिया में मशगूल वह नन्ही परी गुब्बारे पाकर खुशी से झूम उठी। गुब्बारों को हाथों से नचाते हुए वह कोई राईम गुनगुनाने लगी।

गाड़ी का ड्राइवर लड़की के पिता से बोला, "साहब, आप सब पर बहुत जल्दी विश्वास कर लेते हैं। देखिए वह लड़का 100 रुपए का नोट लेकर पता नहीं

कहाँ चला गया। मुझे तो लगता है कि वह लौटेगा ही नहीं।"

लड़की का पिता, "अरे! कोई बात नहीं। आएगा तो ठीक और न भी आए तो कोई बात नहीं। कोई किस्मत छीनकर तो नहीं ले जाएगा न।"

गहरी साँस लेते हुए वे दोबारा बोले, "समझूँगा कि उतने पैसे मैंने एक जरूरतमंद को दान कर दिए हैं और देखो, वह लड़का भी तो अभी कितना छोटा है। कहीं देर हो गई होगी, फिर विश्वास भी तो एक चीज होती है।"

लगातार बरसात से रोड पर फिसलन बहुत ज्यादा हो गई थी। ट्रैफिक सिग्नल पोल पर लगी घड़ी सेकंड-दर-सेकंड शून्य की ओर बढ़ रही थी। अब बस 10 सेकंड और बचे थे और सिग्नल ग्रीन होने ही वाला था, लेकिन वह छोटा लड़का अभी तक वापस नहीं लौटा था। माधव देख रहा था कि वह अपने भाई के पास खड़ा है और उसका भाई जेब से रेजगारी और छोटे-छोटे नोट निकालकर बहुत तेजी से गिन-गिनकर उसे थमाता जा रहा है। वह छोटा लड़का बीच में बार-बार पीछे मुड़-मुड़कर ट्रैफिक सिग्नल पोल पर लगी घड़ी को देख रहा था। उसके चेहरे पर व्यग्रता और बेचैनी साफ झलक रही थी। उसकी व्यग्रता और बेचैनी माधव को भी व्याकुल कर रही थी। उसका दिल कर रहा था कि वह किसी तरह घड़ी के घटते हुए अंकों को थाम ले।

उधर घड़ी के निरंतर घटते हुए अंकों को देख इनोवा का ड्राइवर उस बच्ची के पिता से दोबारा बोला, "साहब, मैं कहता था न कि आप बहुत जल्दी सभी पर विश्वास कर लेते हैं, लेकिन सब आपकी तरह सज्जन और ईमानदार नहीं होते। सड़क पर घूम रहे इन लड़कों का तो रोज का यही काम है। वे इसी तरह बड़े लोगों को झाँसे में ले लेते हैं।"

छोटी लड़की का पिता, "कोई बात नहीं, भाई! हो सकता है, छुट्टा कराने में देर हो गई हो, और फिर हमारी रानी बिटिया खुश हो गई, इससे ज्यादा मुझे कुछ नहीं चाहिए।"

ड्राइवर, "साहब! आप गजब हैं। आपको कभी गुस्सा क्यों नहीं आता? आप किसी दूसरे द्वारा जानबूझकर की गई गलती को भी भाग्य का लिखा मानकर उस बात पर पछतावा भी नहीं करते। धन्य, हैं आप!"

लड़की का पिता, "अरे! नहीं भाई, ऐसा कुछ भी नहीं है। मैं एक सामान्य इनसान हूँ। हो सकता है, कोई बात हो गई हो, किसी काम में वह लड़का उलझ गया होगा।"

इतनी देर में ट्रैफिक सिग्नल ग्रीन हो गया और चौराहे पर रुकी सभी गाड़ियाँ बंदूक की नाल से छूटी हुई गोली की तरह तेजी से आगे बढ़ने लगीं। इनोवा में सवार उस बच्ची के पिता ने अपनी नजरें एक बार उस ओर दौड़ाईं, जिधर वह छोटा लड़का गया था, किंतु गाड़ियों की भीड़ में वह उन्हें कहीं दिखाई नहीं दिया।

इधर ट्रैफिक सिग्नल के ग्रीन होते ही वह छोटा लड़का बाकी बचे पैसे लौटाने के लिए अपनी पूरी ताकत लगाकर तेजी से दौड़ते हुए उस गाड़ी की ओर भागा, लेकिन सड़क पर बुरी तरह बढ़ चुकी फिसलन में उसका संतुलन अचानक से बिगड़ गया और उसका पैर फिसल गया। जब तक वह सँभल पाता पीछे से तेज गति से आती हुई एक बड़ी सी कार ने उसे अपने नीचे ले लिया।

"हे भगवान्! यह क्या?" माधव के मुँह से चीख निकल गई।

वह पागलों की तरह बेतहाशा दौड़ते हुए वहाँ पहुँचा। आस-पास के अनेक लोग भी उस ओर दौड़ पड़े। वह छोटा सा बच्चा लहूलुहान सड़क पर पड़ा हुआ था, पर उसकी छोटी सी हथेली में छुट्टे कराए हुए नोट और रेजगारी मजबूती से बंद थे। उसकी एक टाँग बुरी तरह कुचल गई थी और खून बहुत तेजी से निकल रहा था। तब तक उसका बड़ा भाई इंद्र भी अपने हाथ में पकड़े गुब्बारे, खिलौने आदि सब फेंक बदहवास हालत में वहाँ दौड़ते हुए पहुँच गया।

इंद्र, "छोटू, तू कैसा है? तू ठीक है, न भाई?"

धनुष, "भैया, भैया! मुझे उन गाड़ी वाले अंकल के पैसे लौटाने हैं।"

इतना कहते हुए उसने अपनी बंद मुट्ठी उठाने की कोशिश की, पर अत्यधिक रक्तस्राव के कारण वह इससे ज्यादा कुछ नहीं बोल पाया और उसकी आँखें बंद होने लगीं।

इतना छोटा सा लड़का, इतनी गहरी चोट पर पैसा लौटा देने का यह भीष्म संकल्प, अकल्पनीय, अद्भुत! उपस्थित जनसमुदाय विस्मित एवं भावुक हो उठा।

"छोटू! तुझे कुछ नहीं होगा।" कहकर उसका बड़ा भाई जोर-जोर से रोने लगा। पास खड़े सभी लोगों की आँखें नम हो आईं।

माधव एकत्र जनसमुदाय के सहयोग से तुरंत ऑटो में धनुष और उसके भाई को लेकर सिविल हॉस्पिटल पहुँचा। हॉस्पिटल के एडमिनिस्ट्रेटिव इंचार्ज रमेश सिंह से उसकी पहले से जान-पहचान थी, उसने फोन पर उनको सारी बातें बताईं। उन्होंने तत्काल हॉस्पिटल पहुँचकर इमरजेंसी यूनिट में सारी व्यवस्था सुनिश्चित करा दी।

धनुष का काफी खून बह चुका था। लगभग 5 यूनिट खून की जरूरत थी। 'कहते हैं न कि जहाँ चाह है, वहाँ राह है।' माधव ने अपने मित्रों को फोन कर उन्हें हॉस्पिटल बुलाया। सभी मित्र खून देने के लिए सहर्ष राजी हो गए। उसी समय हॉस्पिटल का एक स्टाफ माधव के पास आया और उसे एक फॉर्म साइन करने को दिया, जिसमें लिखा था कि "यदि ऑपरेशन सफल नहीं होता है तो उसकी जिम्मेदारी अस्पताल प्रशासन की नहीं होगी।" यद्यपि यह फॉर्म मरीज के किसी संबंधी के द्वारा ही भरा जाना था, परंतु धनुष का भाई इंद्र स्वयं अभी बहुत छोटा था, इसीलिए यह जिम्मेदारी माधव ने स्वयं उठा ली और अपने को उसका चाचा बताते हुए उसने फॉर्म पर हस्ताक्षर कर दिए। ऑपरेशन की सारी तैयारियाँ हो चुकी थीं, बस डॉक्टर के आने का इंतजार था। रमेश सिंह ने बताया कि यह ऑपरेशन डॉ. पंकज झा करेंगे। डॉ. पंकज झा इस हॉस्पिटल के ही नहीं, बल्कि पूरे लखनऊ शहर के जाने-माने ऑर्थोपेडिशियन थे। वे कुछ ही देर में हॉस्पिटल पहुँच गए। ऑपरेशन के लिए आवश्यक व्यवस्था करने के निर्देश स्टाफ एवं नर्सों को देकर उन्होंने मरीज के परिजन को बुलाने के लिए कहा। डॉक्टर साहब के बुलावे पर माधव दौड़कर उनके पास पहुँचा।

डॉक्टर पंकज झा, "क्या आप पेशेंट के रिलेटिव हैं?"

माधव, "जी हाँ! मेरा नाम माधव है और मैं इसका चाचा हूँ।"

डॉक्टर पंकज झा, "यह सब कैसे हुआ? संक्षेप में बताइए।"

माधव ने संक्षेप में पूरी जानकारी डॉक्टर साहब को दे दी।

डॉक्टर पंकज झा, "मिस्टर माधव, यद्यपि मरीज का काफी खून बह चुका है, परंतु भगवान् पर भरोसा रखिए, सब ठीक होगा।"

माधव, "धन्यवाद, सर।"

ऑपरेशन शुरू हो चुका था, इधर माधव और इंद्र का दिल धक-धक कर रहा था। माधव ने मन-ही-मन यह संकल्प कर लिया कि यदि ऑपरेशन सफल रहता है तो वह हनुमानजी के मंदिर पर एक भंडारा कराएगा। लगभग दो घंटे ऑपरेशन की काररवाई चलती रही और इस दौरान माधव एवं धनुष के बड़े भाई ने कई जन्म एक साथ जी लिये। एक अनजान रिश्ते की डोर उनके बीच सहसा जन्म लेकर पल-दर-पल मजबूत होती जा रही थी। जैसे ही ऑपरेशन थिएटर की हरी बत्ती जली, वैसे ही माधव और धनुष का बड़ा भाई इंद्र दौड़कर ऑपरेशन थिएटर के दरवाजे के पास आकर खड़े हो गए और डॉक्टर पंकज झा के निकलने का इंतजार करने लगे।

डॉक्टर पंकज झा ने बाहर निकलकर उन्हें मुबारकबाद देते हुए कहा, "मिस्टर माधव, बधाई हो, ऑपरेशन सफल रहा, आप लोगों ने बहुत अच्छा किया, जो विंडो आवर में पेशेंट को लेकर हॉस्पिटल आ गए। यदि थोड़ी देर और हो गई होती तो कोई अनहोनी भी घट सकती थी, लेकिन अब घबराने की कोई भी बात नहीं।"

माधव, "सर, आपका यह एहसान मैं जिंदगी भर नहीं भूलूँगा। बहुत-बहुत धन्यवाद।"

धनुष के बड़े भाई इंद्र के आँसू खुशी के मारे थम ही नहीं रहे थे। भावातिरेक में वह डॉक्टर साहब से लिपट गया। डॉक्टर पंकज झा बहुत प्यार से उसके सिर पर हाथ फिराकर, उसे दिलासा देते हुए बोले, "अब डरने की कोई बात नहीं, बेटा।"

अभी दो-चार कदम ही वे आगे बढ़े थे कि तुरंत मुड़कर माधव से पूछा, "आप तो पेशेंट के चाचा हैं न!"

माधव, "जी हाँ!"

डॉक्टर पंकज झा, "क्या आपका यह भतीजा हजरतगंज चौराहे पर गुब्बारे बेचता है?"

माधव ने अचरज भरे स्वर में डॉक्टर साहब से कहा, "हाँ, पर सर आपको यह कैसे मालूम?"

डॉक्टर पंकज झा, "ऑपरेशन टेबल पर जब मैंने इस बच्चे को देखा तो मुझे लगा कि शायद यह वही लड़का है, जिससे मैंने आज थोड़ी देर पहले अपनी बेटी के लिए हजरतगंज चौराहे के ट्रैफिक सिग्नल पर गुब्बारे खरीदे थे।"

माधव, "सर, क्या उस समय आप सफेद इनोवा गाड़ी से जा रहे थे और आपको गुब्बारे बेचने के बाद कुछ छुट्टे पैसे धनुष को आपको वापस करने थे?"

डॉक्टर साहब, "हाँ, बिल्कुल सही, पर पैसे की कोई बात नहीं। मैं तो बस उत्सुकतावश पूछ रहा था। क्या यह वही लड़का है?"

माधव, "हाँ सर, यह वही लड़का है और आपके बाकी पैसे वापस करने के लिए यह तेजी से दौड़कर सड़क पार कर रहा था, लेकिन अचानक यह दुर्घटना हो गई, पर घायल होने के बावजूद यह अपने भाई से आपके बाकी पैसे वापस लौटाने की बात कर रहा था और बेहोश होते वक्त भी आपको वापस किए जानेवाले पैसे इसकी मुट्ठी में बंद थे।"

डॉक्टर पंकज झा, "अनबिलिवेबल।"

माधव, "सर, मैं भी इसकी ईमानदारी से चकित हूँ।"

डॉक्टर पंकज झा, "माधव, इनके पैरेंट्स कहाँ रहते हैं?"

माधव, "सर, मैं इनके पैरेंट्स को नहीं जानता।"

डॉक्टर पंकज झा, "परंतु आप तो इसके चाचा हैं न।"

माधव, "नहीं, सर। मैं इसका कोई रिश्तेदार नहीं हूँ। मैं हजरतगंज चौराहे पर रोज इन्हें गुब्बारे बेचते देखता हूँ, पता नहीं क्यों मुझे इनसे अपने आप इतना लगाव हो गया कि मैं बता नहीं सकता। मुझे इनके बारे में ज्यादा जानकारी नहीं है। बस इतना जानता हूँ कि बड़े बच्चे का नाम इंद्र और छोटे का नाम धनुष है। इनके पिताजी अब इस दुनिया में नहीं हैं, बस माँ हैं, जो किसी बीमारी से ग्रस्त हैं और घर पर रहती हैं। ये ही दोनों बच्चे घर के कमाने वाले सदस्य हैं और उनमें से एक आज इस हालत में पड़ा है।"

डॉक्टर पंकज झा, "ओह, माई गॉड!"

डॉक्टर पंकज झा एक मिनट तक खामोश रहे, फिर बोले, "माधव, आप इसके इलाज की चिंता मुझ पर छोड़ दीजिए, अब यह मेरी जिम्मेदारी है। हाँ, मैं कल इनकी माँ से मिलना चाहता हूँ, क्या आप इस काम में मेरी मदद करेंगे?"

माधव, "क्यों नहीं सर? मुझे खुशी होगी, लेकिन आप वहाँ क्यों जाएँगे, मैं उन्हें यहीं बुला लाऊँगा।"

डॉक्टर पंकज, "नहीं माधव, यह ठीक नहीं रहेगा। इस एक्सीडेंट के लिए किसी मायने में मैं भी दोषी हूँ। मेरे लिए 100 रुपए कोई बहुत बड़ी बात नहीं थी, यदि मैं उसे बाकी बचे हुए पैसे लौटाने को न कहता तो शायद यह हादसा न होता।"

माधव, "सर, वह तो ठीक है, किंतु आपकी कोई ऐसी मंशा तो थी नहीं।"

डॉक्टर पंकज, "लेकिन मानवता भी कोई चीज होती है न। मुझे इसकी माँ से मिलकर प्रायश्चित करना ही होगा।"

माधव, "सर इतने बड़े डॉक्टर होकर भी आप एक गरीब व्यक्ति के प्रति इतनी अच्छी भावना रखते हैं, यह विश्वास से परे है।"

डॉक्टर पंकज, "धन्यवाद, माधव। आप तब तक इनके घर का पता लगा लीजिए और मैं आपके साथ इनकी माँ से कल मिलने चलूँगा।"

माधव, "सर, आप निश्चिंत रहिए। इनकी माँ भी इनके अब तक घर न लौटने के कारण परेशान हो रही होंगी। मैं अभी इसके बड़े भाई के साथ इनके घर चला जाता हूँ। उन्हें तो इस घटना की खबर भी शायद न हो। मैं उनसे मिलकर उन्हें हिम्मत भी बँधा आऊँगा और कल आपसे मिलने की बात भी उन्हें बता दूँगा।"

डॉक्टर पंकज झा, "ठीक है माधव, फिर कल मिलते हैं। मेरा नंबर 9···12 है और मैं गोमती नगर में रहता हूँ।"

अस्पताल से घर जाते समय आज डॉक्टर पंकज झा के मन में परस्पर विरोधी विचारों के बादल उमड़-घुमड़ रहे थे। उन्हें आज कुछ अजीब सा महसूस हो रहा था। एक तरफ उस छोटे लड़के की जान बचाने की खुशी, पर उससे कहीं अधिक छुट्टे के लिए घटित घटना हेतु अपने आपको दोषी मानना, पढ़ने-लिखने की उम्र में परिवार के भरण-पोषण की जिम्मेदारी के निर्वहन से आहत पर उसकी अप्रतिम ईमानदारी से अभिभूत, उधर बिना किसी रिश्ते के माधव का उन दोनों भाइयों के लिए इतना कुछ निस्स्वार्थ भाव से सहायता करना। इन्हीं भावनाओं के बीच डूबते-उतराते पता नहीं वे कब घर पहुँच गए। उनकी पत्नी दिव्या ने मुसकराते हुए दरवाजा खोलते हुए उनका स्वागत किया। डॉ. पंकज झा के लिए ऑपरेशन करना रोज की बात थी, लेकिन आज के पहले किसी घटनाक्रम ने उनको इतना गहरे तक नहीं छुआ था। घर में घुसते ही एक साँस में उन्होंने दिव्या को दिन भर के पूरे घटनाक्रम को विस्तार से बता डाला। दिव्या भी उस छोटे लड़के की अद्वितीय ईमानदारी की बात सुनकर आश्चर्यचकित रह गई।

दिव्या, "पंकज, धनुष निश्चित ही किसी संस्कारी माँ-बाप का बेटा है। हमें उसके परिवार की हर संभव मदद करनी चाहिए।"

डॉक्टर पंकज झा, "दिव्या, मैं भी यही सोच रहा हूँ। कल सुबह माधव के साथ उन बच्चों की माँ से मिलने उनके घर जाना चाहता हूँ।"

दिव्या, "हाँ, अवश्य जाइए, और जो भी मदद बन पड़े अवश्य करिएगा। मैं हर निर्णय में आपके साथ हूँ।"

डॉक्टर पंकज, "थैंक यू दिव्या! यू आर माई एनर्जी।"

दिव्या, "एनर्जी नहीं पंकज, 'इट इज आवर सिनर्जी'।"

डॉक्टर पंकज, "दिव्या, थैंक यू, वंस अगेन।"

उधर माधव इंद्र से उसके घर के पते की पूरी जानकारी कर अगले दिन डॉ. पंकज झा के बँगले पर सुबह-सुबह पहुँच गया। उन्होंने उसे बड़े प्यार से ड्राइंग रूम में बैठाया। माधव ने डॉक्टर साहब को बताया कि वह उनका घर देख आया है और आपके उनके घर आने के विषय में उन्हें बता भी दिया है। अचानक माधव की नजर कमरे में लगे एक फोटो फ्रेम पर पड़ी, जिसमें डॉक्टर झा एवं एक महिला की तसवीर लगी थी। माधव ने सहज अनुमान लगा लिया कि यह उनकी पत्नी

होगी। फोटो के नीचे एक खूबसूरत मोटिवेशनल कोट लिखा था—"Be like a Rainbow in someones cloud." माधव को यह थीम बहुत प्यारी लगी।

डॉक्टर पंकज ने माधव को बहुत ध्यान से उस कोटेशन को पढ़ते हुए देखा। इससे पहले कि उस कोटेशन के बारे में माधव कुछ पूछता, डॉ. पंकज झा ने उसे बताया कि वे एक बहुत साधारण पृष्ठभूमि से यहाँ तक पहुँचे हैं, छोटी-छोटी चीजों के लिए भी उन्हें बहुत संघर्ष करना पड़ा है। अत: किसी उदास चेहरे पर दो इंच मुसकान लाना और किसी की जरूरत में काम आना, मेरा और मेरी पत्नी दिव्या की जिंदगी का थीम है।

माधव मन-ही-मन सोचने लगा, काश ऊँचाई पर पहुँचने वाले सभी लोग ऐसा सोचने लगे तो यह दुनिया स्वर्ग से भी सुंदर हो जाएगी। वह मन-ही-मन डॉक्टर साहब व उनकी पत्नी का मुरीद हो गया।

थोड़ी देर में उनकी पत्नी दिव्या भी दोनों के लिए चाय लेकर ड्राइंग रूम में आ गई। डॉ. पंकज झा ने अपनी पत्नी दिव्या से माधव का परिचय कराया। दिव्या भी माधव से मिलकर बहुत खुश हुई और इस नेक कार्य के लिए उसकी भरपूर सराहना की।

दिव्या, "माधवजी, यू आर ए रीयल लाइफ हीरो।"

माधव, "थैंक्स, मैडम। किंतु एक इनसान होने के कारण यह मेरी ड्यूटी थी।"

दिव्या, "मैडम नहीं, दीदी।"

माधव, "अच्छा दीदी, फिर माधवजी नहीं सिर्फ माधव।"

दोनों हँस पड़े।

डॉक्टर पंकज, "चलो, यहाँ भी तुम्हें एक भाई मिल गया और अब यदि भाई-बहन का मिलन हो गया हो तो उन लड़कों के घर चलें।"

दिव्या, "हाँ-हाँ, जरूर जाइए और माधव तुम अपनी दीदी से भेंट करने आते रहना।"

माधव, "हाँ, दीदी जरूर।"

डॉक्टर पंकज माधव के साथ इंद्र एवं धनुष की माँ से मिलने उनके घर के लिए निकल पड़े।

कार में रेडियो एफ.एम. पर राज कपूर की मशहूर पिक्चर 'अनाड़ी' फिल्म का गाना आ रहा था—

"किसी की मुसकराहटों पे हो निसार,
किसी का दर्द ले सको तुम उधार,
किसी के वास्ते हो तेरे दिल में प्यार
जीना इसी का नाम है।"

इंद्र व धनुष का घर शहर की एक घनी पुरानी बस्ती में था। रास्ते भी बहुत सँकरे थे। घर तक पहुँचने के लिए उन दोनों को मोहल्ले के बाहर गाड़ी रोककर पैदल ही जाना पड़ा। जब वे वहाँ पहुँचे तो इंद्र घर पर ही उनका इंतजार कर रहा था।

डॉ. पंकज झा, "हेलो बेटा, कैसे हो?"

इंद्र, "नमस्ते, अंकल अच्छा हूँ। आइए मैं आपका इंतजार ही कर रहा था।"

माधव, "बेटा, हम लोग आपकी माँ से मिलने आए हैं, वे घर पर हैं क्या?"

इंद्र, "सर, आप लोग अंदर आइए न। माँ आप लोगों का इंतजार ही कर रही थीं, वे थोड़ी देर पहले पड़ोस में किसी काम से गई हैं। मैं अभी उन्हें बुलाकर लाता हूँ।"

डॉक्टर पंकज झा और माधव उसके घर में दाखिल हुए। घर क्या था, एक कमरे का पुराना सा मकान था, जिसमें न ठीक से रोशनी आने का इंतजाम था और न ही हवा का। कमरे में एक ही कुरसी रखी थी, पुरानी लकड़ी की। उस एक मात्र कुरसी पर किसे बैठने को कहे, यह इंद्र को समझ में नहीं आ रहा था। उहापोह और लज्जा के भाव से घिरे उसकी भावनाओं को वे दोनों समझ गए।

डॉक्टर पंकज, "तुम माँ को बुला लाओ, हम लोग तब तक आराम से बैठते हैं।"

इंद्र के दिल पर से मानो बहुत बड़ा बोझ उतर गया। वह दौड़कर पड़ोस से माँ को बुलाने चला गया। डॉक्टर पंकज से आग्रह कर माधव ने उन्हें कुरसी पर बिठा दिया और स्वयं वहीं तख्त पर बैठ गया।

कमरे में इधर-उधर निगाह दौड़ाते हुए अचानक डॉक्टर पंकज झा की निगाह दीवार पर टँगी एक फोटो पर पड़ी और एकबारगी वे बुरी तरह चौंककर कुरसी से खड़े हो गए। यह क्या! नहीं, यह नहीं हो सकता। उसकी फोटो यहाँ कैसे? उन्होंने फिर गौर से देखा फोटो में जो जोड़ा था, उस जोड़े की महिला की शक्ल पूरी तरह से मुग्धा से मिल रही थी। मुग्धा, जो उनकी इंस्पिरेशन और मेंटर थी। जिसके साथ उन्होंने अपने जिंदगी के सपने बुने थे। शादी के जोड़े में सिमटी सकुचाई मुग्धा की तसवीर देखकर वे पसीने-पसीने हो गए। मन-ही-मन वे ईश्वर को याद कर कहने

लगे, 'हे भगवान् जिसे मैंने कहाँ-कहाँ नहीं खोजा, उसे इतने दिनों के बाद, तूने ऐसे मिलाया, तूने यह कैसी लीला रची प्रभु!' उन्हें अब वहाँ बैठना मुश्किल हो गया। उन्हें परेशान देखकर माधव ने सोचा कि इतने बड़े आदमी को शायद इस तंगहाल बस्ती के छोटे से कमरे में असहज महसूस हो रहा है।

माधव, "सर, मैं समझ रहा हूँ। आपको इस छोटे से कमरे में घुटन महसूस हो रही है।"

डॉक्टर पंकज झा अपनी घबराहट छुपाते हुए बोले, "नहीं माधव, ऐसा नहीं है। बस अचानक से सिर कुछ भारी हो रहा है।"

माधव, "सर, यदि तबीयत ठीक न हो तो वापस चलते हैं, बाद में फिर कभी आ जाएँगे।"

डॉक्टर पंकज झा, "नहीं माधव, इन्हें बुरा लगेगा।"

डॉक्टर पंकज झा माधव से ये बातें बोल तो रहे थे, पर उनका दिल बुरी तरह जोर-जोर से धड़क रहा था। वे खुद से पूछते, 'क्या धनुष की माँ मुग्धा ही होगी?' फिर खुद ही इसका उत्तर देने लगते, 'नहीं-नहीं, ऐसा कैसे हो सकता है? वह कोई और होगी। कभी-कभी मिलती-जुलती तसवीर से भ्रम हो जाता है।'

वे अभी इस उधेड़बुन में लगे ही थे कि दरवाजे पर उन्हें दो जोड़ी पदचाप की आवाज सुनाई पड़ी। उन्हें ऐसा लगा कि उनका कलेजा अब बस बाहर आनेवाला है। उन्होंने घबराकर दरवाजे से अपना चेहरा घुमाकर दीवार की ओर कर लिया, पर उनके कान जैसे उनकी मन की आँखें बन गए हों और न चाहते हुए भी उनके मन की आँखें धनुष की माँ में मुग्धा को ऐसे खोज रही थीं जैसे तालाब से निकली हुई मछली पानी को ढूँढ़ती है।

धनुष की माँ कमरे में प्रवेश कर उन दोनों को नमस्ते करते हुए बोलीं, "सर, आप लोगों का शुक्रिया मैं कैसे अदा करूँ। आप लोग न होते तो आज मेरे धनुष की जान नहीं बच पाती।"

तसवीर देखकर पहले से ही विचलित हो चुके डॉक्टर पंकज इंद्र की माँ की आवाज को सुनकर बुरी तरह चौंक पड़े, 'हे भगवान्! यह तो वही आवाज है, इस आवाज को मैं कैसे भूल सकता हूँ।' उनके हाथ-पैर सुन्न होने लगे और और वे कुरसी का हैंडल पकड़कर वहीं धम्म से बैठ गए। उनके मुँह से प्रत्युत्तर में नमस्ते भी नहीं निकल पाया।

डॉक्टर पंकज झा की तबीयत बिगड़ती देखकर माधव धनुष की माँ से बोला,

"डॉक्टर साहब की तबीयत अचानक से कुछ खराब हो गई है। क्या आप एक गिलास पानी देंगी?"

घर आए मेहमान की तबीयत खराब होती देख धनुष की माँ भी घबरा गईं। वे तुरंत बोलीं, "हाँ-हाँ, अभी लाती हूँ।"

वे तुरंत पानी का गिलास लेकर डॉक्टर साहब के पास पहुँचीं। पानी का गिलास डॉक्टर साहब को देते समय वे ज्यों ही उनके सामने आईं और उनकी नजरें कुरसी पर बैठे डॉक्टर साहब से मिलीं कि उनके हाथ से पानी का गिलास छूटते-छूटते बचा। वे एकदम से ठिठककर अपनी जगह खड़ी-की-खड़ी रह गईं। धनुष की माँ की आवाज सुनकर पहले से विस्मित हो चुके डॉक्टर पंकज झा उन्हें अपने सामने पाकर किंकर्तव्यविमूढ़ होकर देखते रह गए। कमरे में एक अजीब सी खामोशी फैल गई। माधव की समझ में कुछ नहीं आ रहा था कि यह क्या हो रहा है? पहले डॉक्टर साहब की तबीयत खराब हुई और अब धनुष की माँ का यह अप्रत्याशित व्यवहार। थोड़ी देर बाद धनुष की माँ अपने आप को सँभालते हुए बोलीं, "पंकज, तुम! तुम यहाँ कैसे?"

डॉक्टर पंकज झा की हालत उस समय एक ऐसे मरीज की तरह हो गई थी, जो सुन और समझ तो सब रहा हो, पर जुबान उसका साथ न दे रही हो।

माधव आश्चर्य से धनुष की माँ से बोला, "क्या आप डॉक्टर साहब को जानती हैं?"

निर्वाक उन्होंने धीमे से सिर हिलाया और आँसुओं की कई बूँदें उनकी आँखों की कोरों से बहकर निकल पड़ीं। उन्होंने अपने पल्लू से उन आँसुओं को रोकने की भरपूर कोशिश की, पर आँसू भला हाथ और पल्लू का साथ क्यों देते, वे तो मन के साथी हैं, मन रोने का हो तो वे भला चुप कैसे बैठते और देखते-ही-देखते आँसुओं की पूरी बाढ़ मुग्धा की आँखों से निकल पड़ी। माधव की समझ में कुछ नहीं आ रहा था कि यह सब क्या हो रहा है?

इधर धनुष की माँ की आँखों से बहते हुए आँसू रुकने का नाम नहीं ले रहे थे और उधर डॉ. पंकज झा कुछ भी बोल नहीं रहे थे, वे कुरसी का हत्था पकड़कर जड़वत बैठे रहे।

माधव, "सर, क्या हुआ, तबीयत तो ठीक है न?"

पर डॉक्टर पंकज झा बिल्कुल चुप रहे, माधव सोचने लगा कि अचानक सबकुछ अच्छा होते-होते यह क्या हो गया? माधव ने डॉक्टर पंकज झा को हाथ

पकड़कर वापस चलने के लिए उठाना चाहा, पर उन्होंने उसे रुकने का संकेत किया। थोड़ी देर बाद बड़ी मुश्किल से फँसे हुए गले से धनुष की माँ से बोले, "मुग्धा, तुम यहाँ कैसे? तुम ठीक तो हो न?"

बस इससे ज्यादा वे कुछ नहीं बोल सके और उनका गला रुँध गया, उनकी आँखें आँसुओं से भीगकर भारी हो धरती की ओर झुक गईं। उन्हें लगा कि वे ज्यादा देर इस जगह पर नहीं रुक पाएँगे। माधव के हाथ का सहारा लेकर वे खड़े हुए और बोले, "तुम निश्चिंत रहो। धनुष को कुछ नहीं होगा।"

कहना तो बहुत कुछ चाहते थे, पर उनसे इस वक्त कुछ कहते बन नहीं पड़ रहा था। उधर हतप्रभ मुग्धा कुछ नहीं बोल पाई, बस उसके पैर के अँगूठे फर्श को कुरेदते रहे और आँसू चेहरे और दिल को भिगोते रहे।

डॉक्टर पंकज झा और माधव कमरे से निकल चुके थे, पर मुग्धा कटे हुए वृक्ष की भाँति जमीन पर पड़ी रही, चाहकर भी जाते हुए उन लोगों को, जिन्होंने उसके बेटे की जान बचाई थी, धन्यवाद भी नहीं बोल पाई, उसे लगा कि उसकी सारी ऊर्जा बहुत दूर किसी अज्ञात प्रदेश में निर्वासित हो गई हो।

धनुष के घर जाते समय डॉक्टर पंकज झा का मन जितना प्रफुल्लित था, वापसी में वह उतना ही बोझिल बन गया। एक-एक कदम जैसे कई-कई मन के हो गए हों। दिमाग कह रहा था कि 'पंकज जितना तेज भाग सकते हो, भागो' और दिल कह रहा था कि 'एक बार थोड़ा ठहर जाओ।' अजीब सी कशमकश चल रही थी, उनके दिमाग में। यंत्रवत चलते हुए वे कार में आकर धम्म से बैठ गए। कार में एफ.एम. रेडियो पर राजेश खन्ना की 'आनंद' पिक्चर का मशहूर गाना आ रहा था—

"जिंदगी कैसी है, पहेली हाय,
कभी तो हँसाए, कभी ये रुलाए।
कभी देखो मन नहीं जागे
पीछे-पीछे सपनों के भागे
एक दिन सपनों का राही
चला जाए सपनों से आगे कहाँ,
जिन्होंने सजाए यहाँ मेले
सुख दुःख संग-संग झेले
वही चुनकर खामोशी
यूँ चले जाए अकेले कहाँ।"

उनकी जिंदगी भी कुछ ऐसी ही पहेली बन गई थी। कुछ क्षण पहले की खुशी कपूर की तरह उड़ चुकी थी और परिताप चारों ओर से उन्हें घेरे जा रहा था।

ड्राइवर ने गाड़ी को अस्पताल की ओर मोड़ लिया, पर डॉक्टर पंकज ने गाड़ी सीधे घर की ओर ले चलने को कहा। बँगले पर पहुँचकर उन्होंने ड्राइवर से माधव को उसके घर ड्रॉप करने के लिए बोला और माधव को धन्यवाद देते हुए शीघ्र उससे मिलने का वायदा किया।

उनके अचानक घर आने पर दिव्या आश्चर्यचकित हो गई।

दिव्या, "अरे! आप अचानक घर कैसे आ गए? आज हॉस्पिटल नहीं गए क्या?"

डॉ. पंकज झा, "धनुष के घर गया था, वहीं पर अचानक से सिर भारी होने लगा। गरम पानी का शावर लेने से शायद कुछ आराम मिल जाए, उसके बाद हॉस्पिटल जाऊँगा।"

दिव्या, "अच्छा ठीक है, आप शावर लेकर आइए, तब तक मैं गरमागरम कॉफी तैयार करती हूँ।"

शावर के नीचे पहुँचते ही अब तक बड़ी मुश्किल से रोकी हुई उनकी रुलाई सहसा फूट पड़ी। शावर उनके तन को नहला रहा था और आँखों से बहते हुए आँसू उनके मन को।

मुग्धा के साथ बिताए हुए सारे पल उनकी आँखों के सामने चलचित्र की भाँति तैरने लगे। बिहार के दरभंगा नामक शहर में वे और मुग्धा एक ही मकान में किराए पर रहते थे। पहली मंजिल पर वे और नीचे के भूतल पर मुग्धा। दो-दो कमरे के चालनुमा घर में वे दोनों अपने परिवार के साथ रहते थे और एक ही क्लास में पढ़ते थे। साथ-साथ पढ़ते-पढ़ते कब वे दोनों एक-दूसरे के मन की भाषा पढ़ने-समझने लगे, उन दोनों में से किसी को पता ही नहीं चला। कॉपी के पन्ने पर 'P+M' लिखना, फिर उसे दुनिया की नजरों से छिपाने के लिए उस पर ड्राइंग बना देना उनकी अबोली प्रेम कहानी का हिस्सा बन गया।

इंटरमीडिएट बोर्ड परीक्षाएँ शुरू होनेवाली थीं। एक दिन मुग्धा ने पंकज से एक किताब माँगी और 10 मिनट बाद ही उसे लौटा दिया।

पंकज, "अरे! तुम अभी-अभी तो किताब ले गई थी और तुरंत वापस भी कर दी।"

मुग्धा, "बस काम हो गया, एक चीज देखनी थी।"

इतना कहकर वह वापस नीचे चली गई। पंकज उस किताब को हाथ में लिये-लिये उसमें मुग्धा को महसूस कर रहा था कि अचानक उसे किताब के कवर के अंदर किसी चीज के होने का एहसास हुआ। उसने कवर पेज हटाकर देखा तो उसकी आँखें मानो चौंधिया गईं। अरे यह क्या! उसमें मुग्धा की एक फोटो थी और उसके पीछे लिखा था—'पंकज, यू आर माई ड्रीम, एग्जाम के लिए ऑल द बेस्ट। अब मैं तुमसे परीक्षा के बाद मिलूँगी, तब तक के लिए इस फोटो के रूप में मैं सदा तुम्हारे साथ रहूँगी।'

प्रेम के तीन जादुई शब्द न बोलकर भी मुग्धा ने आज वह सबकुछ कह दिया था, जो प्रेम की उताल भावना को मूर्त बनाता है। पंकज के लिए वह किताब मानो गीता की तरह पवित्र हो गई। जब भी कोर्स के कठिन सवाल उसे उलझाते, तो वह उस किताब के कवर पेपर को हटाकर मुग्धा की फोटो के समक्ष उस कठिनाई को रख देता और सच में उसका हल उसे तुरंत मिल जाता। उसे लगता वाकई में प्यार में ही भगवान् है, जो उसकी सारी कठिनाइयों को चुटकियों में हल कर देता है।

अपने अंदर युवावस्था की उठती हुई लहरों के वशीभूत पंकज ने एक-दो बार मुग्धा से मिलने की कोशिश की, परंतु पंकज के कॅरियर की खातिर मुग्धा एक वीरागंना की भाँति सदैव दृढ़प्रतिज्ञ रही, उसने अपने वचन की मर्यादा को अंत तक निभाया। ऐसा नहीं था कि पंकज से दूर रहने में उसे खुशी हो रही हो, लेकिन त्याग और समर्पण का दूसरा नाम ही प्यार है, यह मुग्धा ने सिद्ध कर दिया।

निश्छल प्रेम दैहिक नहीं आत्मिक होता है, जो भावनाओं के ज्वार में उफनता तो है, किंतु कभी भी सीमाओं को लाँघता नहीं। फेनिल समंदर धरती के किनारे पर बिछी बालुका-राशि को ढकने का प्रयास तो करता है, किंतु चरित्र की धनी बालुका-राशि उसका स्वागत कर, फिर बड़े प्यार से उसे अपने स्थान पर वापस कर देती है, वह उसके साथ बह नहीं जाती। हाँ, समंदर द्वारा लाए गए सीप और मोतियों को प्रेम की थाती मान अपने सीने से चिपकाए रहती है।

बोर्ड परीक्षा का अंतिम पेपर होनेवाला था। उस दिन पंकज को परीक्षा के झंझट के खत्म होने से ज्यादा खुशी इस बात की हो रही थी कि विरह के रेगिस्तान में मिलन का हरा-भरा सुहाना नखलिस्तान आनेवाला है। परीक्षा खत्म होने के बाद जहाँ पंकज और मुग्धा के सभी दोस्त मौज-मस्ती के मूड में डूबे थे, वहीं वे दोनों धड़कते दिल लिये हुए अपने मन में इकट्ठा ढेर सारी बातों को साझा करने के लिए घर की छत पर इकट्ठे हो रहे थे और जब वे मिले तो ऐसा लगा जैसे यह जुदाई

कुछ महीनों की न होकर कई बरसों की रही हो। बच्चों की तरह हुलस-हुलस कर वे दोनों एक-दूसरे को बताते रहे कि कैसे उन्होंने ये दिन एक-दूसरे से बिना बात किए हुए काटे।

देखते-देखते परीक्षा के रिजल्ट का दिन भी आ गया। उन दिनों आजकल की तरह इंटरनेट पर रिजल्ट देखने की सुविधा नहीं थी। रिजल्ट समाचार-पत्र में आता था। पेपरवाले का इंतजार उन दोनों को था, पर मुग्धा के लिए रिजल्ट की जो बेकरारी थी, वह खुद के लिए कम और पंकज के लिए ज्यादा थी। जैसे ही पेपर वाले ने न्यूजपेपर बरामदे में फेंका, मुग्धा दौड़कर अखबार उठा ले आई। पेपर के मुख्य पृष्ठ पर छपा था, 'जिले का सपूत पंकज झा प्रदेश टॉपर'। पंकज ने पूरे प्रदेश में सर्वोच्च अंक प्राप्त किए थे। उसकी फोटो मुख्य पृष्ठ पर छपी थी। मुग्धा इतनी खुश हुई कि उसे खुद अपना रिजल्ट देखने का होश ही नहीं रहा, वह न्यूजपेपर लिये दौड़कर पंकज के पास पहुँची और बोली, "थैंक यू पंकज, मेरे सपने को सच करने के लिए।"

पंकज, "यह केवल तुम्हारी वजह से हो पाया है और मुग्धा तुम भी तो प्रथम श्रेणी में पास हुई हो।"

मुग्धा, "अरे धन्यवाद! मैं तो भूल ही गई थी कि मैंने भी परीक्षा दी है।"

मुग्धा, "पंकज, फोटो का मिशन अब पूरा हो गया। अब मेरी फोटो मुझे वापस कर दो।"

पंकज ने मुसकराते हुए कहा, "मुग्धा, तुम मुझसे कुछ भी माँग लो, पर तुम्हारी फोटो मैं तुम्हें वापस नहीं दे सकता। जिस दिन यह फोटो सजीव बनकर मेरी हो जाएगी, उसी दिन मैं इसे उसकी मालकिन को वापस लौटाऊँगा।"

मुग्धा, "ठीक है, पंकज! परंतु तुम्हारा सफर यहीं खत्म नहीं होता है। तुम्हें मेडिकल एंट्रेंस परीक्षा में भी टॉप करना है।"

पंकज, "जब मेरी लकी चार्म मेरे साथ है, तो मुझे कोई नहीं रोक सकता।"

किशोरी मुग्धा लजाकर मुसकराते हुए अपने घर चली गई।

पंकज मेडिकल एंट्रेंस परीक्षा की तैयारी में जुट गया। इधर मुग्धा ह्यूमनैटीज लेकर आगे की पढ़ाई करने लगी। समय पंख लगाकर उड़ रहा था और इधर दिन-प्रतिदिन पंकज और मुग्धा का मासूम और निष्काम प्यार भी गहरा होता जा रहा था, जिसमें न कोई कमिटमेंट था, न ही कोई एक्सपेक्टेशन, था तो बस पहाड़ी नदी की तरह अविरल, निर्मल प्रवाह, जिसकी हर धारा दिल को सुकून देती है।

मेडिकल की पढ़ाई के लिए महँगी पुस्तकों की जरूरत थी। पंकज के पास उतने पैसे नहीं थे, उसने एक दिन मुग्धा से कहा, "मुग्धा, मैं ट्यूशन पढ़ाने की सोच रहा हूँ।"

मुग्धा, "क्यों?"

पंकज, "ट्यूशन के पैसे से कुछ मदद मिल जाएगी। कंपीटिशन के लिए जरूरी बुक्स खरीदनी हैं।"

मुग्धा ने छूटते ही कहा, "नहीं, तुम कोई ट्यूशन नहीं करोगे, तुम सिर्फ पढ़ोगे। पैसों का इंतजाम हो जाएगा।"

पंकज, "पर कैसे?"

मुग्धा, "यह सोचना तुम्हारा काम नहीं है, तुम्हें सिर्फ पढ़ना है।"

पंकज, "किंतु बुक्स के लिए पैसे कहाँ से आएँगे?"

मुग्धा, "पंकज, तुम जिसके ड्रीम हो, वही इसका इंतजाम करेगी।"

पंकज अंदर तक भीग गया। इतनी केयर, ऐसा समर्पण, वह बस इतना ही बोल पाया, "सुना था हर पुरुष की सफलता के पीछे एक स्त्री का हाथ होता है, आज इसे देख भी लिया।"

मुग्धा, "चलो, अब मुझे आसमान में मत चढ़ाओ। जाओ, चुपचाप कंपीटिशन की तैयारी करो।"

पंकज, "ओ.के. मैडम! जैसी आज्ञा आपकी।"

जिस मुग्धा ने पंकज को ट्यूशन पढ़ाने के लिए मना किया था। उसी ने पड़ोस के छोटे बच्चों को ट्यूशन पढ़ाना शुरू कर दिया। उससे जो थोड़ी-बहुत आय होती, उसे वह पंकज को किताबें खरीदने के लिए मनुहार कर दे देती। पंकज ने कई बार उसे मना भी किया, पर वह नहीं मानती। उसके ज्यादा मना करने पर बोलती, "समय आने पर एक-एक पैसा वसूल लूँगी।"

जब पंकज पूछता, "वह कैसे भला?" तो वह शरमाकर बोलती, "यह भी मुझे ही बताना पड़ेगा क्या?"

पंकज मेधावी तो था ही, इधर उसकी लकी चार्म मुग्धा उसके लिए जी-तोड़ मेहनत भी कर रही थी। जिस दिन मेडिकल का रिजल्ट आया तो बधाई देने वालों का ताँता लग गया, आखिर हो भी क्यों न, उसने पूरे प्रदेश में टॉप-टेन में जगह जो बनाई थी। वह शुभचिंतकों से घिरा था, पर उसकी निगाहें तो बस मुग्धा को खोज रही थीं और मुग्धा का कहीं पता नहीं था। उसने मुग्धा की माँ से उसके विषय में पूछा तो पता

चला कि वह आज सुबह-सुबह ही मंदिर चली गई है। कल से उसने निर्जला व्रत किया हुआ है। वह यह सुनकर भौंचक्का रह गया। वह दौड़कर मंदिर पहुँचा, जहाँ मुग्धा ईश्वर की आराधना में लीन थी।

पंकज, "तुमने निर्जला व्रत क्यों रखा?"

मुग्धा हँसते हुए बोली, "अपने तप की सफलता पर भगवान् को धन्यवाद देने के लिए।"

पंकज, "मुग्धा, यह मैं नहीं, बल्कि तुम पास हुई हो।"

पंकज का दाखिला पटना मेडिकल कॉलेज में हो गया। जिस दिन उसे पटना जाना था, उस दिन मुग्धा ने उसे छत पर बुलाया।

मुग्धा, "तुम मुझे बहुत याद आओगे, पंकज।"

पंकज, "मुग्धा, तुम याद की बात कर रही हो, मैं तो यह सोच-सोचकर घबरा रहा हूँ कि अब मैं अकेले कैसे रहूँगा। मुझे सारे निर्णय अब खुद लेने होंगे, मैं तो तुम पर पूरी तरह निर्भर हो गया हूँ।"

मुग्धा, "तुम मुझे हमेशा अपने आप महसूस करना, सब ठीक हो जाएगा। हाँ, पर मेरी तसवीर अब तो वापस कर दो।"

पंकज, "अरे! अभी कहाँ! वह वक्त अभी नहीं आया है। वह तसवीर अभी सजीव नहीं हुई है, फिर तुमसे दूर रहने की स्थिति में तुम्हारी फोटो ही तो मेरा सहारा रहेगी।"

मुग्धा, "ठीक है, पर याद रखना, पंकज! मैं उस फोटो के रूप में तुम पर सदा नजर रखूँगी।"

पंकज मेडिकल की पढ़ाई के लिए पटना चला गया।

इसी बीच एक दुःखद घटना घट गई। मुग्धा के पिता की अचानक हार्ट अटैक से मृत्यु हो गई और घर का पूरा भार मुग्धा के ऊपर आ गया। उसकी पढ़ाई भी छूट गई। ट्यूशन और सिलाई-कढ़ाई कर वह घर का खर्च चलाती रही। सपने बुनने की उम्र में वह घर की जरूरतें बुनने लगी। पंकज भी अभी पढ़ रहा था, इसलिए वह भी कोई आर्थिक मदद कर पाने की स्थिति में नहीं था।

महीने और वर्ष बीतते चले गए, देखते-देखते एम.बी.बी.एस. का अंतिम वर्ष समाप्त होने को आ गया। इस बार जब पंकज छुट्टियों में घर आया, तो मुग्धा ने बताया कि उसके विवाह के लिए लड़का ढूँढ़ा जा रहा है।

पंकज, "लड़का ढूँढ़ने की क्या जरूरत है? लड़का तो सामने ही है।"

दोनों हँस पड़े।

पंकज, "कल मैं तुम्हारी माँ से बात करूँगा।"

मुग्धा, "मैं तुम्हारा इंतजार करूँगी।"

अगले दिन हिम्मत कर पंकज ने मुग्धा की माँ से अपने दिल की बात कह दी। मुग्धा की माँ को विश्वास ही नहीं हो रहा था कि डॉक्टर बनने के बाद भी पंकज बदला नहीं है। उसे यह सब किसी सुंदर सपने की तरह लग रहा था।

मुग्धा की माँ, "बेटा, इससे अच्छी बात क्या हो सकती है? मुझे इस रिश्ते पर कोई आपत्ति नहीं। आज इसके पिता की आत्मा को बहुत सुकून मिलेगा।"

पंकज उनका आशीर्वाद लेकर चला गया। उसने तय किया कि कल सुबह ही वह माँ और पिताजी से इस बारे में बात करेगा। लेकिन होनी को तो कुछ और ही मंजूर था। रात में खाना खाते वक्त पिताजी अचानक उससे बोले, "बेटा, हमने तेरा विवाह तय कर दिया है। लड़की अपने शहर के नामी डॉक्टर मनोज झा की बेटी दिव्या है। दोहरी खुशी की बात यह है कि उन्होंने तुम्हारी छोटी बहन नयना को अपने घर की बहू बनाने का प्रस्ताव भी दिया है, उनका बेटा भी डॉक्टर है।"

पंकज के हाथ से थाली छूटते-छूटते बची।

पंकज, "क्या, शादी?"

पिताजी, "बेटा, हम लोगों ने सारी जिंदगी अभाव में गुजारी है। इतना अच्छा रिश्ता आया है, हमें इसे नकारना नहीं चाहिए। तुम्हारी बहन नयना भी इस रिश्ते से बहुत खुश है। यह सब तुम्हारे कारण संभव हो पाया है।"

पंकज ने देखा कि दरवाजे पर खड़ी नयना उसकी ओर आशा भरी नजरों से देख रही है। उसके देखते ही वह लजाकर दरवाजे की ओट में चली गई।

पिताजी, "बेटा, तुम्हारे कारण हम लोगों के दिन फिर गए, अन्यथा इतने बड़े घर में हम रिश्ता करने का सपना भी नहीं देख सकते थे।"

पंकज, "पर पिताजी इतनी जल्दी क्या है?"

पिताजी, "बेटा शुभ कार्य में देरी नहीं करनी चाहिए। दिव्या बहुत अच्छी लड़की है, तुम चाहो तो उससे मिल लो। वैसे अगले महीने मँगनी और गोद भराई का कार्यक्रम निश्चित हुआ है।"

इतना कहकर वे हाथ धोने के लिए चले गए। पंकज को लगा कि उसे जैसे लकवा मार गया हो। इतनी तेजी से घटनाक्रम बदलेगा, उसने सपने में भी नहीं सोचा था। रात भर वह करवटें बदलता रहा। उसने तय किया कि वह सुबह पिताजी के

उठते ही उनसे बात कर उन्हें सबकुछ साफ-साफ बता देगा।

रात भर वह योजना बनाता रहा कि क्या कहना है? कैसे कहना है? पिताजी ऐसा बोलेंगे तो कैसे उन्हें मनाना है, आदि-आदि...। सुबह-सुबह जैसे ही वह पिताजी के कमरे में प्रवेश करने वाला था कि उसके कानों में पिताजी की आवाज सुनाई पड़ी।

पिताजी माँ से कह रहे थे, "मैं कहता था न कि पंकज जैसा संस्कारी बेटा बहुत भाग्य से मिलता है। डॉक्टर हो जाने के बाद भी देखो, उसने मेरी बात नहीं काटी। नहीं तो आजकल के लड़के तो बस पूछो मत।"

पंकज के कदम वहीं रुक गए। उसने मन-ही-मन निश्चय किया कि वह मुग्धा से अभी तुरंत मिलेगा और आज ही उससे विवाह कर लेगा, चाहे उसे घर से भागना ही क्यों न पड़े। उसने मुग्धा को तुरंत छत पर बुलाया और सारी बातें उसे एक साँस में बता दीं। यह सब सुनकर मुग्धा को लगा कि जैसे उसे काठ मार गया हो। वह अवाक् रह गई। बचपन से उसकी आँखों में तैरते सपने अचानक से उसे दम तोड़ते नजर आने लगे। इस भयंकर सुनामी की तो उसने कभी कल्पना भी नहीं की थी। एक अजीब सी खामोशी उनके बीच पसर गई थी, मगर उसके अंदर सबकुछ उजड़ जाने का गरजता हुआ शोर उन दोनों को साफ सुनाई दे रहा था। कल-कल बहती छोटी सी पहाड़ी नदी में अचानक से एक बड़ा पत्थर टूटकर गिर पड़ा था और नदी आर्तभाव से उससे निकलने को छटपटा रही थी। यही हाल उस समय मुग्धा का हो रहा था, तभी पंकज ने अपना फैसला सुना दिया, "मुग्धा, तुम तैयार हो जाओ, हम आज ही शादी करेंगे।"

पर मुग्धा तो किसी और ही मिट्टी की बनी थी। बुरी तरह बिखरने के बावजूद भी मुग्धा अपने आपको सँभालते हुए पंकज से बोली, "पंकज, हर सुंदर सपने सच नहीं होते। शायद इसलिए कि वे ज्यों ही पूरे होते हैं, उनका आकर्षण समाप्त हो जाता है। मेरा यह सपना सदैव जीवित रहेगा, मेरी बंद आँखों में भी और खुली आँखों में भी।"

पंकज, "मुग्धा, मैं इतनी बड़ी-बड़ी बातें नहीं समझता हूँ और न ही समझना चाहता हूँ। तुम अभी इसी वक्त मेरे साथ मंदिर चलो, हम अभी शादी करेंगे।"

मुग्धा, "पंकज जिस कार्य में सबको खुशी मिले, वही कार्य करना चाहिए, तुम्हारे माँ-बाप ने तुम्हें बहुत कठिनाइयों से पाला है, तुम्हारे ऊपर उनका हक मुझसे पहले है। फिर नयना के प्रति भी तुम्हारी जिम्मेदारी है, उसने अपने मन में अब

तक पता नहीं क्या-क्या सपने सँजो लिये होंगे। मैं एक लड़की होने के नाते उसके मनोभावों को समझ सकती हूँ। मैं उसके कोमल सपनों को अपने सुख के लिए कभी नहीं तोड़ूँगी। विधाता ने जो सोचा है, वह अच्छा ही होगा।" इतना कहकर वह नीचे चली गई।

पंकज बहुत देर तक उधेड़बुन में रहा, फिर उसने निर्णय किया कि वह पिताजी से आज और अभी इस बारे में बात करेगा। यद्यपि पिताजी से उसने आजतक कभी किसी चीज के लिए मुँह नहीं खोला था, किंतु उसने निश्चय किया कि आज उनसे अपने प्यार के लिए वह जरूर बात करेगा। चाहे उसे उनके सामने गिड़गिड़ाना पड़े, भीख माँगनी पड़े, किंतु वह सबकुछ करेगा। पिताजी कोर्ट जाने के लिए तैयार हो रहे थे, तभी पंकज ने कमरे में प्रवेश किया।

पंकज, "पिताजी, एक बात कहनी है।"

पिताजी, "हाँ, बोलो।"

पंकज, "मैं मुग्धा से प्यार करता हूँ और उससे शादी करना चाहता हूँ।"

पिताजी, "क्या? तुम मुग्धा से शादी करना चाहते हो।"

पंकज, "जी, पिताजी।"

पिताजी, "परंतु मैंने तो डॉक्टर मनोज झा को जुबान दे दी है।"

पंकज, "मैं क्षमा चाहता हूँ पिताजी, परंतु मैं भी मुग्धा को वचन दे चुका हूँ।"

इतना सुनते ही पिताजी पलंग का सिरहाना पकड़कर वहीं भहराकर बैठ गए। उन्हें अचानक साँस लेने में कठिनाई होने लगी और बाएँ सीने में तेज दर्द भी होने लगा। तत्काल उन्हें हॉस्पिटल ले जाया गया, अस्पताल पहुँचते-पहुँचते उनकी तबीयत काफी बिगड़ गई। डॉक्टर ने बताया कि उन्हें सीरियस हार्ट अटैक हुआ है। तुरंत ऑपरेशन करना पड़ेगा, लेकिन संभावनाएँ बहुत कम हैं। ऑपरेशन आनन-फानन में हो तो गया, परंतु तबीयत में कोई सुधार नहीं हुआ। वे समझ गए कि अब उनकी जिदंगी की घड़ियाँ समाप्त होनेवाली हैं, आँख बंद होने के पहले उन्होंने पंकज को बुलाया और उसका हाथ अपने हाथ में लेकर बस इतना ही बोल पाए, "बेटा, मुझे माफ कर देना। मैंने तुमसे बिना पूछे दिव्या को अपने घर की बहू बनाने का वचन दे दिया। मुझे तुम्हारे और मुग्धा के विषय में कुछ भी नहीं पता था। किंतु अब मैं वचन दे चुका हूँ। दिव्या और नयना के सपने अब तुम्हारे मोहताज हैं, तुम्हें जो ठीक लगे, वह करना।" इतना कहकर उन्होंने अपनी आँखें मूँद लीं।

जिस घर में शहनाइयाँ बजनी थीं, वहाँ अचानक मातम और चीत्कार गूँज

उठी। सबकुछ इतनी तेजी से घटित हुआ कि किसी को कुछ समझने का मौका ही नहीं मिला। पिताजी के श्राद्ध के दौरान मुग्धा और पंकज कई बार मिले, पर हर बार ऐसा लगा कि पहाड़ी नदी में अचानक गिरा वह पत्थर थोड़ा और ऊँचा हो गया हो और नदी की छटपटाहट थोड़ी और बढ़ गई हो, जिसमें शोर तो था, परंतु कोई शब्द नहीं।

श्राद्ध के बाद एक दिन मुग्धा ने पंकज को छत पर बुलाया।

पंकज के निस्तेज चेहरे को देख मुग्धा ने कहा, "पंकज, यह तुम्हें क्या हो गया है? मैं तुम्हें उदास नहीं देख सकती।"

पंकज, "परंतु मुग्धा, मैं एक क्षण के लिए भी ऐसी जिंदगी नहीं जीना चाहता, जहाँ तुम न हो।"

मुग्धा, "पंकज, मैं सशरीर तुम्हारे साथ भले ही न रहूँ, परंतु मन और आत्मा से सदैव तुम्हारे साथ रहूँगी, लेकिन इस समय तुम अपने पिताजी द्वारा दिव्या के परिवार को दिए गए वचन का पालन करो। यदि तुमने मुझसे प्यार किया है, तो मेरी इतनी सी बात मान लो।"

पंकज, "मुग्धा, मैं ऐसा नहीं कर सकता।"

मुग्धा, "पंकज, तुम्हें मेरी कसम है, प्लीज।"

पंकज, "इससे अच्छा है कि मैं सुसाइड कर लूँ, न मैं रहूँगा, न मुझे किसी वचन का पालन करना पड़ेगा।"

अपने हाथ से पंकज का मुँह बंद करते हुए मुग्धा बोली, "तुमने अगर मुझे कभी प्यार किया है और मुझे थोड़ी सी भी खुशी दे सकते हो, तो प्लीज ऐसी बात कभी मत करना। भगवान् की शायद यही मरजी रही होगी। यह जीवन भगवान् का ही दिया हुआ है तो उसकी मरजी के विरुद्ध जाने का हमें कोई हक नहीं है।"

पंकज, "मुग्धा तुम किस मिट्टी की बनी हो? यहाँ सबकुछ समाप्त हो रहा है और तुम भगवान् की मरजी की बात कह रही हो।"

मुग्धा, "कभी-कभी हम जो चाहते हैं, उसके स्थान पर ईश्वर ने कुछ और सोच रखा होता है। जो हमारी सोच से ज्यादा सुंदर होता है।"

पंकज, "लेकिन यह तय है कि तुम्हारे बिना मेरी जिंदगी हमेशा एक अधूरी कहानी ही रहेगी।"

मुग्धा, "मुझे यकीन है कि दिव्या तुम्हारी मुझसे भी अच्छी जीवन साथी सिद्ध होगी, तभी ईश्वर ने मेरे स्थान पर उसे तुम्हारी जिंदगी में भेजा है। तुम उसे सदैव

खुश रखना। यही मेरे लिए खुशी का सबब होगा। मैं तुमसे शायद अब कभी नहीं मिल पाऊँगी, पर मेरी तसवीर तुम्हारे पास मेरी अमानत रहेगी।"

मुग्धा जीने से नीचे जा रही थी और समय अपनी गति से आगे बढ़ा चला जा रहा था, पर दोनों के पैरों के घुँघरू बेजान से हो गए थे।

पंकज का विवाह दिव्या से और उसकी बहन नयना का विवाह दिव्या के भाई सौरभ से हो गया। दिव्या बहुत नेकदिल लड़की थी, जैसा नाम, वैसा गुण। साक्षात् देवी ही थी, दिव्या। पंकज ने निश्चय किया कि वह सुहागरात को ही दिव्या को अपने और मुग्धा के बीच की सारी बात बता देगा, क्योंकि दिव्या जैसी अच्छी लड़की को धोखे में रखना अपराध होगा।

विवाह की पहली रात किसी भी नारी के जीवन की सबसे महत्त्वपूर्ण रात होती है। धरती और आकाश के मिलन की रात, झिलमिल सपनों के साकार होने की रात। लेकिन दिव्या के लिए आज कुछ अलग घटने जा रहा था, जिसकी पहले से उसे कोई खबर नहीं थी। धरती और आकाश के मिलन के ठीक पहले अचानक कोई धूमकेतु आकर उसके जीवन की स्वाभाविक गति को गड्ड-मड्ड कर देने वाला था।

औपचारिक वार्त्तालाप के बाद सुहागरात की सेज पर लाज में सिमटी दिव्या को स्वप्निल दुनिया से जगाते हुए पंकज ने अपने और मुग्धा के विषय में सबकुछ एक साँस में बता दिया। दिव्या सबकुछ चुपचाप सुनती रही। अजीब सी खामोशी चारों ओर पसर गई। ऐसा लगने लगा जैसे कमरे के हर कोने में नीरवता अपना डेरा बसा चुकी हो। समय रुक गया हो और उसके साथ उन दोनों की धड़कनें भी रुक गई हों। पंकज भी अपनी बात समाप्त कर खामोशी से दिव्या की ओर से उठने वाले तूफान की प्रतीक्षा करने लगा।

उसे अपराध बोध भी होने लगा कि अभी-अभी तो दिव्या ने उसके नाम की मेहँदी अपने हाथ में रचाई थी और उसने उसकी मेहँदी का रंग बिगाड़ दिया। कम-से-कम आज का दिन तो दिव्या का ही था, उसके सपनों को यों अचानक तोड़कर उसने बहुत बुरा किया।

खामोशी का हर गुजरता हुआ पल पंकज के लिए दु:सह होता जा रहा था। कुछ मिनटों के बाद बोझिल नीरवता को तोड़ते हुए दिव्या ने पहल की, "पंकज, मुझे गर्व है कि मुझे एक सच्चा और ईमानदार पति मिला है। आप मन में कोई अपराध बोध मत पालिए। मैं मुग्धा का स्थान तो कभी नहीं ले सकती। वह आपकी

लाइफ लाइन कम मेंटर है, पर मैं आपकी बेस्ट फ्रेंड तो बन सकती हूँ न? क्या मुझे आप अपना बेस्ट फ्रेंड बनाएँगे, क्या इतना हक मुझे देंगे?"

पंकज भौंचक्का सा दिव्या को देखता रह गया।

नारी के दो महान् रूप के दर्शन उसे कुछ ही अंतराल में हो गए। निष्काम त्याग की प्रतिमूर्ति—मुग्धा और हलाहल पीने के बाद भी विश्वास और समर्पण से ओत-प्रोत—दिव्या। उसे समझ में आ गया कि क्यों भारत की सभ्यता-संस्कृति अभी तक अक्षुण्ण है। जब तक ऐसी महिलाएँ हैं, भारत की संस्कृति जीवित रहेगी।

दिव्या ने मुग्धा के साथ रह चुके उसके रिश्ते को लेकर कभी भी कोई टीका-टिप्पणी नहीं की। उलटे जब कभी मुग्धा की याद उसे उदास करती तो दिव्या अतीत के गलियारों में उसे सहर्ष यात्रा करने देती। देखते-देखते लगभग तेरह-चौदह वर्ष बीत गए।

समय अपनी गति से पंख फैलाए उड़ा जा रहा था। पंकज की नियुक्ति लखनऊ के सिविल अस्पताल के आर्थोपेडिक्स डिपार्टमेंट में एसोशिएट प्रोफेसर के पद पर हो गई और वे दिव्या के साथ लखनऊ चले आए। इस दौरान उनके जीवन में बिटिया लावण्या एक प्यारी सी, नन्ही सी परी के रूप में आ चुकी थी।

इन वर्षों में उन्होंने कई बार मुग्धा का समाचार जानने की कोशिश की। कुछ पुराने दोस्तों से केवल यह पता चला कि उसकी शादी के बाद मुग्धा टूट सी गई थी। उसका सभी से मिलना-जुलना कम हो गया था। वह विवाह नहीं करना चाहती थी, पर उसकी माँ ने अपने गिरते हुए स्वास्थ्य का हवाला देकर उसे किसी तरह शादी के लिए राजी कर लिया था। उन्होंने अपनी हैसियत के अनुसार उसका विवाह किसी प्राइवेट कंपनी में जॉब करनेवाले शेखर नाम के व्यक्ति से कर दिया था। जब तक मुग्धा दरभंगा में रही, तो किसी-न-किसी माध्यम से उसके बारे में उन्हें जानकारी मिलती रही, पर जब उसके पति की कंपनी अचानक बंद हो गई और उसकी नौकरी छूट गई, तो वे काम की तलाश में किसी और शहर में चले गए और इस प्रकार मुग्धा से उनके सारे संपर्क टूट गए। उन्होंने कोशिश तो बहुत की, पर कुछ भी ठीक से पता नहीं चल पाया।

अपनी जिंदगी और काम में मशरूफ होने के बावजूद वे मुग्धा को ढूँढ़ने की हरसंभव कोशिश करते रहे, पर असफलता ही हाथ लगी और आज इतने वर्षों के बाद उससे मुलाकात हुई तो उसे ऐसी हालत में पाया, जिसकी उन्होंने कभी कल्पना भी नहीं की थी। उन्हें लगा कि मुग्धा की दुःख और अभाव से भरी जिंदगी के जिम्मेदार वे ही हैं।

यही सोचते-सोचते वे बाथरूम से निकलकर ड्राइंगरूम में आ गए। दिव्या उनकी मन-पसंद कॉफी बनाकर ले आई। दिव्या के हाथ की बनी जिस कॉफी को पीकर वे उसकी प्रशंसा करते थकते नहीं थे, वहीं आज वे शून्य में खोए थे।

दिव्या, "पंकज, क्या आपकी तबीयत ज्यादा खराब है?"

पंकज, "नहीं, बस यूँ ही।"

दिव्या, "आज कॉफी अच्छी नहीं बनी है, क्या?"

पंकज, "अरे नहीं, बहुत अच्छी बनी है। सॉरी, दरअसल मुझे हॉस्पिटल का एक जरूरी काम याद आ गया था, इसलिए मैं उसी में खो गया था। वंस अगेन थैंक्स फॉर सच ए वडंरफुल कॉफी।"

दिव्या, "नहीं-नहीं कोई बात नहीं। पर आपको मेरी एक बात माननी पड़ेगी, आज आप हॉस्पिटल नहीं जाएँगे, घर पर ही आराम करेंगे।"

पंकज, "पर हॉस्पिटल में कई जरूरी काम हैं।"

दिव्या, "कुछ नहीं, मैंने कहा न, बस आप आज कहीं नहीं जाएँगे, घर पर ही रहेंगे।"

पंकज, "अच्छा ठीक है, तुम जैसा कहो।"

वे ड्राइंगरूम से उठकर बेडरूम की ओर चल पड़े, पर उनके कदम पता नहीं कैसे स्टडी रूम की ओर मुड़ गए। वहाँ बुक-शेल्फ के ऊपर वाले खाने में रखी किताबों पर धूल जम गई थी। उन किताबों को अरसे से उन्होंने छुआ भी नहीं था। पर आज उनके हाथ अनायास सीधे उस तरफ बढ़ चले, जहाँ हरी जिल्द वाली वही किताब रखी थी, जिसके कवर के अंदर उनकी मेंटर मुग्धा की फोटो पता नहीं कब से उनकी राह देख रही थी। जिल्द आज भी वैसी लगी थी, बस कागज थोड़ा पुराना और कमजोर हो गया था। बहुत सावधानी से उन्होंने जिल्द हटाई, तो मुसकराती हुई मुग्धा सामने आ गई। यों लगा, उनकी आँखों में झाँककर वह फिर धीमे से अपने वही शब्द दुहरा रही हो, 'पंकज, तुम मेरे ड्रीम हो, तुम्हें बहुत आगे जाना है।' उन्हें बहुत तेज रुलाई आ गई। आँखों से आँसू निकले तो थमने का नाम ही नहीं ले रहे थे। जिसके त्याग और समर्पण की वजह से वे डॉक्टर बन बुलंदियों को छू रहे थे, वह आज खुद अँधेरी तंग हाल दुनिया में विषम परिस्थितियों से लड़ रही है। उनकी आँखों से पश्चात्ताप आँसू बन पुनः निकल पड़े।

इधर उन्हें स्टडी रूम में जाते देख दिव्या को बहुत गुस्सा आया। वह मन-ही-मन झुँझलाते हुए बोली, "इन्हें काम के आगे कुछ नहीं सूझता। तबीयत ठीक नहीं है, पर किताबों में उलझने चले गए।"

उसने सोचा कि आज इन्हें जबरदस्त डाँट लगाऊँगी। पंकज के काम के प्रति दीवानगी पर गुस्साते हुए वह जब स्टडी रूम में दाखिल हुई, तो आशा के अनुरूप उन्हें हाथ में किताब पकड़े और उसमें उनको डूबा हुआ पाया। इधर पुरानी टीसती हुईं यादों और आँसुओं में डूबे पंकज को दिव्या के स्टडी रूम में आने का पता ही नहीं चला।

दिव्या, "पंकज, मैंने आपको आराम करने के लिए बोला था, और आप किताबों में उलझने चले आए।"

दिव्या की आवाज से वे सहसा चौंक पड़े और उनके हाथों से वह किताब छूट गई और उसके साथ ही हरी जिल्द के अंदर से मुग्धा की तसवीर भी फर्श पर गिर गई।

दिव्या, "ओह, सॉरी, बुक गिर गई।"

जब तक पंकज सँभलते और किताब उठाने नीचे झुकते, तब तक दिव्या ने झुककर उसे उठा लिया। किताब उठाते समय ही उसे फर्श पर गिरी वह तसवीर भी दिखाई पड़ गई।

दिव्या, "अरे यह क्या है? यह तो किसी की तसवीर है।" फर्श से उठाकर अपने दुपट्टे से उस तसवीर पर लगी धूल को पोंछ, जब ठीक से उसने उस तसवीर को देखा तो उसे बड़ा आश्चर्य हुआ, पंकज के हाथ में किसी लड़की की तसवीर!

फोटो देखते-देखते वह कौतूहल से बोली, "पंकज, यह टीनएजर लड़की कौन है? और यह फोटो तो बहुत पुरानी है।"

इतना पूछते हुए वह जब पंकज की ओर मुड़ी तो उसने पाया कि पंकज की आँखें रोने से लाल हो गई हैं और बरबस पोंछे जाने के बावजूद भी आँसू अपने निशान उनके गालों पर छोड़ चुके हैं।

दिव्या, "क्या हुआ पंकज? आपकी आँखें लाल क्यों हैं? क्या बात है?"

इतने प्यार से पूछे जाने पर वे फिर भावुक हो उठे और बिना कुछ छिपाए उन्होंने निश्छलतापूर्वक जवाब दिया, "दिव्या, मैं आज मुग्धा से मिला था।"

इतने वर्षों के बाद अचानक पंकज की जुबान पर मुग्धा का नाम सुनकर वह चौंक पड़ी।

दिव्या, "मुग्धा! आप उससे कहाँ मिले?"

पंकज, "धनुष के घर।"

दिव्या, "लेकिन वह वहाँ कैसे?"

पंकज, "धनुष उसी का बेटा है।"

दिव्या, "अरे, पर वह लखनऊ में कैसे?"

पंकज, "मुझे इस बारे में कुछ नहीं पता।"

दिव्या, "क्या यह फोटो मुग्धा की है?"

पंकज, "हाँ।"

दिव्या ने गौर से फोटो को देखा। धवल मुसकान बिखेरती एक प्यारी सी किशोरी बड़ी-बड़ी आँखों से जैसे उससे कुछ कहना चाह रही हो।

दिव्या, "पंकज, आपने मुझे कभी यह तसवीर नहीं दिखाई।"

पंकज, "दिव्या, सच बताऊँ, कभी हिम्मत ही नहीं हुई इस फोटो को दुबारा देखने की। पर जब आज अचानक उससे इतने साल बाद मिला, तो अपने आपको रोक नहीं सका।"

दिव्या, "पंकज, आपकी आँखों में गम के आँसू अच्छे नहीं लगते। लेकिन आप परेशान क्यों हैं? यह तो खुशी की बात है।"

पंकज, "वह बहुत मुश्किल और तंगहाली की जिंदगी गुजार रही है।"

दिव्या, "ओह! अच्छा चलिए, अब जब कि वह मिल चुकी है तो सब ठीक हो जाएगा। पहले आप आराम कीजिए। हाँ, एक बात और।"

पंकज, "क्या?"

दिव्या हँसते हुए बोली, "अब मुग्धा द मेंटर की फोटो बुक-कवर के पीछे नहीं छुपी रहेगी, बल्कि फोटो फ्रेम में सजेगी, आपके स्टडी टेबल पर, ताकि आपको ऊर्जा मिलती रहे।"

पंकज आश्चर्य से दिव्या को देखता रह गया।

अगले दिन हॉस्पिटल के लिए तैयार होते वक्त दिव्या ने पंकज से कहा, "पंकज, हॉस्पिटल पहुँचकर गाड़ी भेज दीजिएगा, मुझे अपनी एक फ्रेंड के यहाँ जाना है।"

दरअसल वह पंकज को यह नहीं बताना चाहती थी कि वह मुग्धा से मिलने जानेवाली है। वह पंकज की गाड़ी से मुग्धा के घर इसलिए जाना चाहती थी, क्योंकि पंकज की गाड़ी के ड्राइवर को मुग्धा के घर का पता मालूम था। डॉक्टर पंकज को हॉस्पिटल पहुँचाकर गाड़ी ज्यों ही वापस लौटी, उसने ड्राइवर को सीधे उस जगह ले चलने को बोला, जहाँ डॉक्टर पंकज कल गए थे। गाड़ी आधे घंटे में धनुष के मोहल्ले में पहुँच गई। तंग गलियाँ होने से कार आगे नहीं जा सकती थी।

गाड़ी वहीं छोड़ दिव्या और ड्राइवर पूछते-पूछते धनुष के घर जा पहुँचे। एक छोटा सा घर, जिसका दरवाजा सीधे गली में खुल रहा था। दिव्या ने दरवाजा खटखटाया तो साधारण सी साड़ी पहने एक महिला ने दरवाजा खोला।

दिव्या मन-ही-मन हरी जिल्द वाली किताब से मिली उस किशोरी लड़की की फोटो से इस महिला का मिलान करने लगी—आँखें तो वैसी ही थीं, पर परिस्थितियों ने जैसे हरे-भरे हरसिंगार के पेड़ पर बेमौसम पतझड़ ला दिया हो।

विचारों में डूबी दिव्या से मुग्धा ने पूछा, "जी, आप कौन? किससे मिलना है?"

विचारों के भँवर से बाहर आते हुए दिव्या बोली, "सॉरी, क्या यह धनुष का घर है?"

मुग्धा, "जी हाँ, बताइए, क्या काम है?"

दिव्या, "मैं हॉस्पिटल से आई हूँ, जहाँ धनुष भरती है। उसकी माँ से मिलना है, क्या आप¨ ?"

मुग्धा, "जी, मैं ही उसकी माँ हूँ। क्या बात है, बताइए? उसकी तबीयत तो ठीक है न। मैं तो आज सुबह हॉस्पिटल गई थी, तब तो वह ठीक था, अचानक क्या हो गया?"

दिव्या मुसकराते हुए बोली, "वह बिल्कुल ठीक है, आप परेशान मत हों। बस यूँ ही आपसे मिलने आई थी। आप अंदर आने को नहीं कहेंगी, क्या?"

मुग्धा, "जी क्षमा कीजिएगा। आइए, आइए न!"

ड्राइवर को गाड़ी पर जाने और वही इंतजार करने को कहकर दिव्या मुग्धा के पीछे-पीछे उसके घर के अंदर चली आई।

दिव्या के गरिमामय और उच्चवर्गीय व्यक्तित्व को देख मुग्धा को झेंप होने लगी कि इन्हें इस छोटे से घर में कहाँ बिठाऊँ। यह सोचकर वह परेशान हो गई।

उसकी परेशानी भाँप दिव्या स्वयं ही सहजता से सामने बिछी चारपाई पर बैठ गई। एक उच्चवर्गीय अजनबी को अचानक अपने घर में आया देख मुग्धा को समझ में नहीं आ रहा था कि वह उससे क्या पूछे, क्या बात करे। मुग्धा को असहजता के भँवर से निकालते हुए दिव्या बोली, "आप परेशान मत होइए। धनुष जल्द ही ठीक होकर हॉस्पिटल से डिस्चार्ज हो जाएगा।"

मुग्धा, "धन्यवाद, पर आप केवल यह सब बताने यहाँ¨ ?"

दिव्या, "दरअसल, मैं उससे बहुत जुड़ गई हूँ।"

मुग्धा, "ओह, धन्यवाद, पर आपको मेरे घर का पता कैसे चला?"

दिव्या, "मुग्धाजी, जिनसे लगाव होता है, उनके बारे में सब पता चल ही जाता है।"

मुग्धा, "अरे! पर आपको मेरा नाम कैसे मालूम हुआ? क्या धनुष ने बताया?"

दिव्या, "आपने हमारे लिए इतना कुछ किया है तो क्या हमें आपका नाम भी नहीं पता होगा?"

मुग्धा, "मैं कुछ समझी नहीं। मैंने आपके लिए क्या किया है? मैं तो आपको जानती भी नहीं।"

दिव्या, "आपको कैसे बताऊँ कि आपने मेरे लिए क्या-क्या किया है?"

मुग्धा, "मैं बिल्कुल भी समझ नहीं पा रही हूँ कि मैंने आपके लिए ऐसा क्या किया है, जिसके लिए आपको इतना एहसानमंद होना पड़ रहा है।"

दिव्या, "आपने मेरे पति को डॉक्टर बनाने के लिए जो त्याग और तपस्या की है और यही नहीं, अपना सबकुछ लुटाकर मुझे उनके जीवन में आने का जो मौका दिया है, उसे मैं कैसे भूल सकती हूँ।"

दिव्या की इस बात को सुनकर मुग्धा को सब समझ में आ गया कि सामने बैठी यह महिला कौन है। वह कुछ अचकचाते हुए बोली, "क्या आप दिव्या हैं? पंकज की वाइफ!"

दिव्या, "हाँ।"

इतना कहकर दिव्या ने मुग्धा का हाथ पकड़कर उसे अपने पास वहीं चारपाई पर बिठा लिया।

निर्वाक मुग्धा रोने लगी। दिव्या ने उसे अपने सीने से चिपका लिया।

दिव्या, "यह आपने क्या हाल बना लिया है, मुग्धा! कल मैंने पहली बार आपकी फोटो देखी, जिसे आपने बतौर लकी चार्म पंकज को उसके एग्जाम के समय दी। खुशनुमा नदी के समान बहने वाली वह मुग्धा कहाँ गुम हो गई।"

मुग्धा, "शायद मेरे पूर्वजन्म का कोई शाप रहा होगा। सरस्वती नदी की तरह मेरा भी अस्तित्व समाप्त हो गया।"

दिव्या, "ऐसा नहीं बोलते। आप जैसी खुशगवार नदी कभी लुप्त नहीं हो सकती।"

मुग्धा, "किंतु नदी के रास्ते में अनचाहे परिस्थितियों ने बाँध तो बना ही दिया न, जिससे वह नदी वहीं छटपटा कर रुक गई। धीरे-धीरे अपने समीप आती हुई मौत का पल-पल इंतजार करते हुए।"

दिव्या ने उसके आँसू पोंछते हुए कहा, "प्लीज, ऐसा मत बोलिए, यह जो नदी पर बाँध बना है न, देखिएगा यही एक दिन बिजली पैदा करेगा, जिससे कई घर रोशन होंगे।"

सकारात्मक ऊर्जा से भरी दिव्या की बातों को सुनकर मुग्धा उसे आश्चर्यचकित देखते रह गई। उसे दिव्या की बातें कतई खोखली या आदर्शवादी नहीं लग रही थीं, बल्कि ऐसा लग रहा था जैसे एक बहन, दूसरी बहन को साधिकार कुछ समझा रही हो।

दिव्या ने मन-ही-मन निश्चय कर लिया कि उत्साह और जीवन से भरपूर इस नदी पर परिस्थितियों द्वारा जबरन बनाए गए बाँध के इस्पाती दरवाजों को अब क़िसी कीमत पर वह ज्यादा देर तक बंद नहीं रहने देगी, उसे खोलेगी, चाहे अंजाम कुछ भी क्यों न हो। उसे लग रहा था कि इस नदी के अविरल प्रवाह को रोकने में उसका भी कहीं-न-कहीं हाथ रहा है, चाहे अनजाने ही सही। अब जबकि ईश्वर ने उसे परिस्थितियों को सुधारने का एक मौका दिया है, तो वह अब उस मौके को अपने हाथ से कदापि नहीं जाने देगी।

इन बातों में इतना समय बीत गया कि मुग्धा को याद ही नहीं रहा कि उसने घर आए हुए मेहमान को पानी तक नहीं पूछा। उसे अपने ऊपर लज्जा सी महसूस होने लगी।

मुग्धा, "ओह! क्षमा कीजिएगा। मैंने तो आपको पानी भी नहीं पूछा।"

दिव्या, "पानी नहीं पूछा तो कोई बात नहीं, चाय तो पिलाएँगी न।"

दोनों हँस पड़ीं। लगा ही नहीं कि वे दोनों पहली बार मिल रही हों, बल्कि ऐसा लगा मानो दो सहेलियाँ अरसे बाद मिली हों और जी खोलकर अपनी-अपनी बातें बता रही हों।

मुग्धा चाय बनाने लगी। दिव्या ने अनुभव किया कि चाय बनाती हुई यह महिला थोड़ी देर में ही फिर से हरी जिल्द वाली किताब से निकली उस तसवीर वाली अल्हड़ किशोरी से काफी कुछ मिलने लगी है। एक झटके में मुग्धा के चेहरे का दारिद्रय काफी हद तक उसे मिटता हुआ दिखाई दिया। उसने मन-ही-मन निश्चय किया कि जिस तरह हरी जिल्द वाली किताब में छिपी अंधकार में डूबी मुग्धा की फोटो को वह रोशनी से भरी दुनिया में बाहर निकाल लाई है, उसी तरह इस दु:खद जिंदगी से भी उसे बाहर निकाल लाएगी।

चाय पीते-पीते दिव्या ने मुग्धा से पूछा, "एक बात पूछूँ?"

मुग्धा, "हाँ, क्यों नहीं।"

दिव्या, "आप लखनऊ कब और कैसे आ गईं?"

मुग्धा, "यह एक लंबी कहानी है, रहने दीजिए, आप सुनकर बोर एवं दुःखी हो जाएँगी।"

दिव्या, "जिसके त्याग की वजह से मैं आज सुखी हूँ, उसके बीते हुए पलों को जानने-समझने में भला बोर या दुःखी कैसे हुआ जा सकता है? यदि कुछ अन्यथा न हो, और आप मुझे अपना समझती हों तो प्लीज बताइए यह सब कैसे हुआ?"

मुग्धा, "शेखर बहुत अच्छे इनसान थे। वे बहुत अच्छे पति और पिता थे और हम लोगों का पूरा ध्यान रखते थे। भगवान् ने इंद्र और धनुष के रूप में दो प्यारे-प्यारे बेटों की खुशियाँ भी हमारी झोली में डाल दी थीं। शादी के बाद हमारी गृहस्थी की गाड़ी कुछ सालों तक ठीक-ठाक चलती रही, परंतु कुछ वर्षों बाद जिस कंपनी में मेरे पति शेखर काम करते थे, वह घाटे में चलते-चलते एक दिन अचानक से बंद हो गई। हम लोगों ने कई शहरों की खाक छान मारी, लेकिन कहीं कोई ढंग का काम नहीं मिला। इसी दौरान हमारे पति के एक मित्र जो लखनऊ में पहले से रहते थे, उन्होंने इन्हें यहाँ बुलाकर एक कंपनी में जॉब दिला दी और फिर मैं भी बच्चों के साथ यहीं चली आई। जिंदगी थोड़ी-बहुत फिर से पटरी पर आने लगी, लेकिन मुझे नहीं पता था कि संयोग से मिली यह थोड़ी सी धूप आगे अचानक आनेवाली बर्फबारी के सामने टिक नहीं पाएगी। एक दिन सुबह घर से काम पर जाते समय किसी ट्रक ने इन्हें कुचल दिया और मौके पर ही इनकी मृत्यु हो गई। अचानक से हमारी जिंदगी पर जैसे वज्रपात हो गया, जिसने हमारे जीवन में ऐसा गहरा घाव कर दिया कि जिसकी भरपाई तो दूर, वह निरंतर गहराता ही चला गया। इस अनजान से शहर में मैं दो बच्चों के साथ बिल्कुल अकेली रह गई। शुरुआत में मैंने कई स्कूलों में नौकरी के लिए बहुत कोशिश की, पर कहीं कोई सफलता नहीं मिली। आय का कोई साधन न होने के कारण पिछले मोहल्ले के घर का किराया हम नहीं चुका सके और उस वजह से वह घर छोड़कर मजबूरन हमें इस बस्ती में शरण लेनी पड़ी। फीस न दे पाने के कारण बच्चों की पढ़ाई भी छूट गई, किंतु गृहस्थी की गाड़ी तो चलानी ही थी। यहाँ की कई महिलाएँ आस-पास के बड़े घरों में झाड़ू-पोंछा, बरतन आदि माँजने का काम करने जाती हैं। मैंने भी घर चलाने के लिए यह काम प्रारंभ कर दिया, लेकिन पिछले साल मेरी तबीयत काफी खराब हो गई, चेकअप कराया

तो टी.बी. निकला, जिसके कारण डॉक्टर ने कंपलीट बेडरेस्ट करने की सलाह दी। तब से मैं घर पर ही रहकर बड़ी-पापड़ आदि बनाने का काम करती हूँ, लेकिन इससे इतनी आय नहीं हो पाती, जिससे घर चलाया जा सके।

आस-पड़ोस के कुछ बच्चे सड़कों पर खुले में सामान बेचने जाते हैं। इंद्र और धनुष दोनों बचपन से ही बहुत समझदार हैं और परिस्थितियों ने भी उन्हें समय से पहले जिम्मेदार बना दिया है। वे भी उन लड़कों के साथ काम पर जाना चाहते थे। पहले तो मैंने बहुत मना किया, परंतु आदर्श कब तक ढोए जा सकते हैं। मुझे भी हार कर उन्हें इस काम के लिए 'हाँ' कहना पड़ा और देखिए, समय फिर से पता नहीं क्यों हमसे रूठ गया और यह हादसा हो गया। मुझे तो लगा मैं शेखर के बाद अपने बेटे धनुष से भी हाथ धो बैठूँगी। लेकिन माधव नाम के उस फरिश्ते ने उसे समय से हॉस्पिटल पहुँचाकर उसकी जान बचा ली, नहीं तो…।"

मुग्धा कुछ आगे बोलती, तब तक दिव्या ने अपना हाथ उसके मुँह पर रख दिया और बोली, "ऐसी अशुभ बातें नहीं करते, सब ठीक हो जाएगा।"

बातों-बातों में घड़ी की सुइयाँ कितनी आगे बढ़ गईं, पता ही नहीं चला। दोपहर खत्म हो चली थी और शाम होने को आ गई थी। दिव्या अपनी बिटिया लावण्या को घर पर छोड़कर आई थी। उसे लगा कि इतनी देर तक अकेले उसके बिना रहने पर वह परेशान हो रही होगी। तभी पंकज का भी फोन आ गया। पंकज ने मजाक में उससे कहा, "दिव्या अपनी दोस्त को बोलो कि तुम्हें अब जाने दे, घर पर तुम्हारा बेचारा पति इंतजार कर रहा है।"

दिव्या ने हँसकर जवाब दिया, "परेशान मत होइए, बस थोड़ी देर में ही आती हूँ।"

मुग्धा से घर जाने की इजाजत लेते हुए दिव्या बोली, "मुग्धा, मैं चलती हूँ, मेरी बिटिया लावण्या घर पर मेरा इंतजार कर रही होगी।"

मुग्धा की तबीयत ठीक न होने के कारण दिव्या घर से ही उससे विदा लेना चाह रही थी, किंतु लाख मना करने पर भी मुग्धा उसे गाड़ी तक छोड़ने बस्ती के बाहर तक आई। एक-दूसरे से विदा होते वक्त दोनों का मन अनाम एहसासों से अंदर-ही-अंदर भीग रहा था और नम होती इस भावभूमि पर रिश्ते का नन्हा बीज स्पर्श और लगाव का खाद-पानी पाकर अंकुरित होने लगा था।

जाते समय दिव्या बोली, "मुग्धा, हम जल्द ही दुबारा मिलेंगे।"

मुग्धा, "हाँ, जरूर, मैं आपका इंतजार करूँगी।"

दिव्या ने निश्चय कर लिया था कि अब उसे क्या करना है। मुग्धा के घर से अपने घर पहुँचने तक गाड़ी में ही उसने मन-ही-मन पूरा प्लान बना लिया। उन्होंने अभी हाल ही में अपने घर के पास एक नया फ्लैट खरीदा था, जो अभी खाली पड़ा था। घर पहुँचकर दिव्या ने घर में काम करनेवाले सभी स्टाफ को बुलाकर बताया, "उस नए वाले फ्लैट की साफ-सफाई कर उसे दो-तीन दिन में ठीक कर दीजिए, एक हफ्ते बाद दीवाली आ रही है, उस अवसर पर हमारे कुछ रिलेटिव आनेवाले हैं। जो अब वहीं रहेंगे।"

तब तक पंकज भी लावण्या को लेकर वहाँ पहुँच गए। उन्होंने पूछा, "यह अचानक कौन आ रहा है? मुझे भी तो कुछ पता चले।"

दिव्या, "सब पता चल जाएगा, थोड़ा धैर्य रखिए।"

पंकज, "ठीक है, घर की मालकिन से ज्यादा पूछा भी तो नहीं जा सकता।"

दिव्या, "यस, दिस इज लाइक ए गुड हसबैंड।"

उसने तीन-चार दिन में ही फ्लैट को खूब अच्छे से सजा दिया। परदे से लेकर किचन की एक-एक चीज का चुनाव उसने स्वयं किया। ऐसा लग रहा था कि वह खुद इस नए फ्लैट में रहने जा रही हो।

उसी दौरान एक दिन अस्पताल से घर लौटने पर पंकज ने दिव्या को बताया, "धनुष की रिकवरी बहुत तेजी से हो रही है। एक-दो दिन में ही उसकी अस्पताल से छुट्टी हो जाएगी और वह दीवाली अपने घर मना पाएगा। यह उनके परिवार के लिए एक सरप्राइज होगा।"

दिव्या यह बात सुनकर मुसकरा उठी और बोली, "हाँ, बिल्कुल। धनुष अपने घर, खुद के घर दीवाली मनाएगा।"

पंकज यह समझ नहीं पाए कि दिव्या के 'अपने घर, खुद के घर' कहने का क्या तात्पर्य है।

दिव्या, "और मैं भी आपको इस अवसर पर एक सरप्राइज दूँगी।"

पंकज, "क्या है वह सरप्राइज?"

दिव्या, "पेशेंस रखिए, नहीं तो सरप्राइज का मजा फीका पड़ जाएगा।"

दिव्या ने माधव को भी अपने प्लान में शामिल करने का निश्चय कर लिया, आखिर इस कहानी का सूत्रधार भी तो वही था। उसने माधव को फोन कर घर बुला लिया।

माधव, "क्या बात है, दीदी? आपने अचानक मुझे कैसे याद किया?"

दिव्या, "माधव, हमने एक नया फ्लैट खरीदा है। मैं उसे तुमको दिखाना चाहती हूँ। तुम सही-सही बताना, उसमें कोई कमी तो नहीं रह गई है।"

फ्लैट की सुरुचिपूर्ण साज-सज्जा को देखकर माधव अभिभूत हो गया।

वह बोला, "आखिर इतने सजे-धजे फ्लैट में कौन रहने आ रहा है?"

दिव्या, "इंद्र, धनुष और उसकी माँ।"

माधव, "क्या?" उसका मुँह आश्चर्य से खुला-का-खुला रह गया।

दिव्या, "हाँ, माधव! इंद्र और धनुष की माँ मुग्धा का हम लोगों के ऊपर बहुत बड़ा उपकार है। उन्होंने पंकज को डॉक्टर बनाने में बहुत योगदान दिया है। आज भगवान् ने हमें मौका दिया है कि हम उनके गाढ़े वक्त में उनके साथ खड़े हों। तुम यह मत सोचना कि हम उनका कोई एहसान चुका रहे हैं, बल्कि यह तो हमारी खुशनसीबी है कि हमें उनके काम आने का मौका मिल रहा है।"

माधव समझ गया कि यही वह बात थी, जिसके कारण मुग्धा और डॉक्टर पंकज उस दिन अचानक एक-दूसरे को देखकर चौंक गए थे और असहज से हो रहे थे।

माधव, "वाह! आप दोनों पति-पत्नी धन्य हैं, नहीं तो आज के जमाने में कौन किसी के किए गए एहसानों को इतने वर्षों के बाद भी याद रखता है? बताइए, मुझे क्या करना है?"

दिव्या, "माधव, धनुष की जान बचाने के कारण मुग्धा तुम्हारी बहुत एहसानमंद है। वह तुम्हारी बहुत इज्जत करती है, तुम्हारी बात वह कभी नहीं टालेगी। तुम्हें उन्हें इस फ्लैट में रहने के लिए तैयार करने में मेरी मदद करनी पड़ेगी।"

माधव, "यह भी कोई पूछने की बात है। यह तो पुण्य कमाने का अवसर है और मैं पुण्य की इस सरिता में डुबकी लगाना भला क्यों नहीं चाहूँगा।"

दिव्या, "यह हुई न सच्चे भाई वाली बात।"

दोनों भाई-बहन हँस पड़े।

दिव्या, "बताओ, कब चलें मुग्धा के घर?"

माधव, "नेक काम में देरी कैसी? बस अभी चलते हैं।"

दोनों उसी समय मुग्धा के घर की ओर चल पड़े। मुग्धा उस समय घर पर ही थी। उन दोनों को अपने घर आया देख वह बहुत खुश हुई।

मुग्धा सभी के लिए तुरंत चाय बनाकर ले आई। चाय पीने के दौरान दिव्या

मुग्धा से बोली, "आज मैं आपसे कुछ माँगने आई हूँ।"

मुग्धा चौंककर बोली, "मुझसे, पर मेरे पास ऐसा क्या है? मैं आपको क्या दे सकती हूँ?"

दिव्या, "आपका मेरे और पंकज के ऊपर बहुत एहसान है। एक एहसान और कर दीजिए।"

मुग्धा, "वैसे तो मेरे पास ऐसा कुछ भी नहीं है, जो मैं आपको दे सकूँ। फिर भी आप बताइए, मुझसे जो भी बन पड़ेगा, मैं जरूर पूरा करूँगी।"

दिव्या, "पक्का वायदा है न।"

मुग्धा, "हाँ, पक्का।"

दिव्या माधव की ओर देखते हुए बोली, "तुम वायदे के साक्षी हो, यदि ये वायदे से मुकरेंगी तो तुमको काररवाई करनी पड़ेगी।"

माधव, "मुझे पूरा विश्वास है कि मुग्धाजी काररवाई करने का ऐसा कोई मौका नहीं देंगी। वे अपना वायदा जरूर निभाएँगी।"

इधर मुग्धा के दिल में इस बात को लेकर हलचल मची हुई थी कि ये दोनों उससे क्या माँगने जा रहे हैं और कौन सा वायदा पूरा कराना चाहते हैं?

दिव्या ने फिर से अपनी बात शुरू की, "मुग्धा, आपने एक सपना देखा था पंकज को डॉक्टर बनाने का। आपका सपना तो पूरा हो गया। मैंने भी एक सपना देखा है, इंद्र और धनुष को एक सफल इनसान बनाने का। मैं आपके साथ मिलकर इनकी परवरिश करना चाहती हूँ। मुझे इस काम में आपकी मदद और अनुमति चाहिए। मेरे घर के पास ही मेरा एक और फ्लैट है, जो खाली पड़ा है। यदि आप लोग उसमें आकर रहें तो नजदीक होने के कारण मुझे उनकी देखभाल में सहूलियत होगी।"

मुग्धा, "नहीं-नहीं! आप लोगों ने धनुष की जान बचा दी, मेरे लिए यही बहुत है। इन बच्चों को केवल आपका आशीर्वाद चाहिए।"

दिव्या, "हमारा आशीर्वाद तो इनके साथ सदैव है, लेकिन आप इसे कोई एहसान मत समझिएगा। मेरे लिए धनुष और इंद्र मेरे बच्चे के समान हैं, क्या मैं अपने बच्चों के लिए कुछ नहीं कर सकती।"

मुग्धा, "वह तो ठीक है, लेकिन…।"

दिव्या, "अब लेकिन-वेकिन से काम नहीं चलेगा। आपने मुझसे वायदा किया है और आपको वह वायदा निभाना पड़ेगा। कुछ दिनों के बाद भाईदूज का

त्योहार आनेवाला है। लावण्या को भाई-बहन के इस त्योहार पर एक साथ दो-दो भाई मिल जाएँगे। क्या आप अपनी बेटी को यह उपहार नहीं देना चाहेंगी?"

मुग्धा निर्वाक् सबकुछ सुनती रही। उसे विश्वास ही नहीं हो रहा था कि इस कलियुग में भी क्या ऐसा संभव है, जहाँ एक स्त्री सबकुछ जानते हुए भी अपने पति का पहला प्यार रह चुकी लड़की के लिए बिना किसी दबाव के खुशी-खुशी इतना कुछ करने को तैयार है।

माधव ने भी मुग्धा को समझाया कि आप अपने लिए नहीं तो कम-से-कम इंद्र और धनुष के अच्छे भविष्य के लिए दिव्या दीदी की बात मान लीजिए।

यदि भावना निश्छल हो तो उसकी संप्रेषण शक्ति कई गुना बढ़ जाती है और कायनात की दृश्य तथा अदृश्य सभी शक्तियाँ उस निर्मल भावना से जनित कार्य को पूरा करने में अपना यथेष्ट सहयोग प्रदान करती हैं।

मुग्धा कुछ नहीं बोल पाई, लेकिन जब दिव्या ने उसे बाँहों के घेरे में लेकर अपने सीने से चिपकाया तो वह रो पड़ी।

हम किसी अनजान के सामने कभी नहीं रोते। आँखों से आँसू या तो अकेले में निकलते हैं या किसी अपने के सामने। किसी का मन रखने के लिए हँसा तो जा सकता है, लेकिन रोया नहीं जा सकता। आँसू का रिश्ता दिल से है और दिल को अपने करीबियों की पहचान बखूबी होती है।

दिव्या, "अब तो 'हाँ' कह दीजिए, नहीं तो हम लोग यहीं धरने पर बैठ जाएँगे।"

बच्चों की तरह मचलते हुए दिव्या की बात को सुनकर मुग्धा हँस पड़ी। मुग्धा को हँसते हुए देख दिव्या और माधव के चेहरे खुशी से ऐसे चमक उठे, जैसे उन्होंने किसी बहुत कठिन परीक्षा में सर्वोच्च अंक प्राप्त कर लिये हों। उन्हें मुग्धा की स्वीकृति मिल गई थी।

उत्साह से उतावला माधव तो उन लोगों को आज ही अपने साथ नए घर में ले जाना चाहता था, लेकिन अचानक सबकुछ समेट कर जाना संभव नहीं था। फिर यह तय हुआ कि कल सवेरे माधव आकर उन लोगों को अपने साथ उनके नए घर में ले आएगा और दिव्या वहीं मिलेगी, साथ ही यह भी निश्चित हुआ कि डॉक्टर पंकज को अभी कुछ नहीं बताया जाएगा, उनके लिए यह सरप्राइज रहेगा।

नए घर में जाने के साथ-साथ कल ही धनुष के हॉस्पिटल से डिस्चार्ज होकर घर आने के कारण दिव्या, मुग्धा और माधव तीनों के लिए कल आनेवाली भोर का बेसब्री से इंतजार था।

सबकुछ इतना तेजी से हुआ कि मुग्धा को ज्यादा कुछ सोचने-समझने का मौका ही नहीं मिला, फिर भी उसने अपना जरूरी सामान रात में ही पैक कर लिया था। माधव अगले दिन सुबह-सुबह ही मुग्धा के घर पहुँच गया और उसे व इंद्र को लेकर उनके नए घर ले आया। दिव्या लावण्या के साथ वहाँ पहले से मौजूद थी।

उनको देखते ही दिव्या मुसकराते हुए बोली, "आइए मुग्धा, आपका अपने नए घर में स्वागत है।"

मुग्धा सकुचाई खड़ी रही। दिव्या प्यार से उसका हाथ पकड़कर उसे घर के अंदर ले गई। इंद्र और लावण्या भी उनके पीछे-पीछे आ गए।

नन्ही लावण्या को जब दिव्या ने यह बताया कि आंटी और इंद्र भैया अब यहीं रहेंगे तो वह बहुत खुश हुई। आखिर किसी बच्चे को क्या चाहिए, बस अपने हमउम्र दोस्त।

माधव उन लोगों को पहुँचाने के बाद दिव्या से बोला, "अभी मैं चलता हूँ, ऑफिस का टाइम हो गया है। शाम को मैं धनुष को हॉस्पिटल से डिस्चार्ज कराकर सीधे यहीं लेते आऊँगा।"

दिव्या, "तुम मेरा इंतजार करना। मैं तुम्हें हॉस्पिटल में ही मिलूँगी।"

माधव, "ओ.के.,बाय।"

दिव्या मुग्धा से बोली, "अब आप इंद्र और लावण्या को सँभालिए। मैं हॉस्पिटल जा रही हूँ, वहाँ से धनुष को डिस्चार्ज कराकर लेते आऊँगी।"

मुग्धा, "मैं किस तरह आपको धन्यवाद दूँ। कोई सगी बहन भी शायद इतना न कर पाए।"

दिव्या, "जब बहन कहा है तो फिर धन्यवाद कैसा ?"

दिव्या घर का जरूरी काम निपटाकर पंकज के पास हॉस्पिटल पहुँच गई।

उसे अचानक वहाँ आया देख पंकज ने पूछा, "अरे! तुम यहाँ कैसे ?"

दिव्या, "मुझे तुमसे कुछ जरूरी बात करनी है ?"

पंकज, "क्या बात इतनी जरूरी है कि उसे अभी करना आवश्यक है ? घर पर नहीं हो सकती क्या ?"

दिव्या, "हाँ, इतना ही जरूरी समझो।"

पंकज, "बताओ क्या बात है ?"

दिव्या, "यदि मैं आपसे बिना पूछे आपकी कोई चीज किसी को दे दूँ तो आप बुरा तो नहीं मानेंगे।"

पंकज, "मेरी हर चीज तुम्हारी है, तुम चाहे उसे अपने पास रखो या किसी को दे दो, सिवाय एक चीज के।"

दिव्या, "जरा मैं भी तो जानूँ कि वह चीज क्या है?"

पंकज, "तुम्हारे मन का वह कोना, जहाँ मैं रहता हूँ।"

दिव्या हँसकर बोली, "उस मामले में आप निश्चिंत रहिए। पंकज, मुझे विश्वास था कि मेरे हर कदम में आप मेरे साथ रहेंगे। मैं आपको बताना चाहती हूँ कि हमारा नया वाला फ्लैट जो अभी तक खाली पड़ा था, उसे मैंने किसी अपने को दे दिया है।"

पंकज, "यदि तुमने कोई निर्णय लिया है तो सोच-समझकर ही लिया होगा। वैसे क्या मैं जान सकता हूँ कि तुमने वह फ्लैट किसको दिया है?"

दिव्या, "धन्यवाद पंकज, बहुत जल्द आप को मैं सबकुछ बता दूँगी।"

पंकज, "ओ.के.।"

तब तक माधव भी हॉस्पिटल पहुँच गया।

डॉक्टर पंकज, "आओ माधव, तुम्हारा ही इंतजार था।"

माधव, "धन्यवाद सर। आज किस समय धनुष को डिस्चार्ज करेंगे?"

डॉक्टर पंकज, "बस थोड़ी ही देर में। आप लोग बैठो, मैं हॉस्पिटल की औपचारिकताएँ जल्द-से-जल्द पूरी करवाता हूँ।"

थोड़ी देर में डिस्चार्ज की औपचारिकताएँ पूरी कराकर डॉक्टर पंकज धनुष को लेकर अपने चेंबर में आ गए, जहाँ दिव्या एवं माधव मौजूद थे।

डॉक्टर पंकज, "माधव, क्या तुम धनुष को उसके घर पहुँचा दोगे? मेरी गाड़ी तुम लोगों को वहाँ पहुँचा देगी।"

माधव, "क्यों नहीं? मैं तो इसी वजह से यहाँ आया ही हूँ।"

इधर दिव्या के मन में कुछ और ही चल रहा था, जो शायद उसकी योजना का अगला हिस्सा बनने वाला था।

दिव्या, "पंकज, क्या हम लोग भी धनुष को छोड़ने उसके घर चलें?"

डॉक्टर पंकज, "इसकी क्या जरूरत है? माधव जिम्मेदार व्यक्ति है, वह धनुष को घर पहुँचा देगा और वैसे भी तुम्हें आज दीवाली की मार्केटिंग करनी है।"

दिव्या, "प्लीज, चलिए न! ज्यादा समय नहीं लगेगा और मैं रास्ते में बाजार से इन बच्चों के लिए भी दीवाली का कोई गिफ्ट ले लूँगी।"

माधव, "सर! आप लोग चलेंगे तो और भी अच्छा रहेगा।"

डॉक्टर पंकज, "अच्छा, आप सभी की यही इच्छा है तो मुझे मानना ही पड़ेगा।"

दिव्या, "थैंक यू पंकज।"

उस दिन धनतेरस का दिन था। बाजार में बहुत रौनक थी। बिजली की रंग-बिरंगी झालरों से सजा बाजार इंद्रधनुषी छटा बिखेर रहा था। दिव्या ने लावण्या के साथ-साथ इंद्र और धनुष के लिए भी दीवाली का गिफ्ट खरीदा।

मार्केटिंग करने के बाद पंकज ने ड्राइवर को धनुष के घर ले चलने के लिए बोला।

दिव्या, "पंकज, क्या हम लोग अपना नया फ्लैट देखते हुए चलें। तुम देखकर आश्चर्यचकित हो जाओगे कि मैंने उसे कितनी अच्छी तरह से सजाया है।"

पंकज, "ठीक है, लेकिन धनुष को घर छोड़ना है, उसे पहले उसके घर छोड़ दें, तब वहाँ चलते हैं।"

दिव्या, "वहाँ ज्यादा समय नहीं लगेगा और धनुष को भी अपना नया घर दिखा देते हैं।"

अपना घर कहते समय उसे अजीब सी खुशी हो रही थी।

डॉक्टर पंकज, "अच्छा ठीक है, चलो।"

कुछ ही देर में सभी लोग वहाँ पहुँच गए।

डॉक्टर पंकज, "दिव्या, क्या तुमने जिनको फ्लैट दिया है, वे लोग यहाँ रहने आ गए हैं।"

दिव्या, "हाँ, वे आज ही यहाँ आए हैं। मैं अभी तुमको उनसे मिलवाती हूँ।"

इतना बोलकर दिव्या ने फ्लैट के दरवाजे की कॉल बेल बजाई। दरवाजा जैसे ही खुला, सामने मुग्धा को देखकर डॉक्टर पंकज आश्चर्यचकित रह गए।

उनके मुँह से निकला, "अरे! मुग्धा, तुम यहाँ?"

दिव्या, "पंकज, यही हैं हमारी रिलेटिव और अब मेरी बहन। इन्हें बड़ी मुश्किल से मनाकर मैं यहाँ लाई हूँ। अब मुग्धा यहीं रहेंगी। आपको कोई आपत्ति तो नहीं।"

डॉक्टर पंकज, "नहीं! पर यह सब अचानक कैसे? तुम कब मुग्धा से मिली?"

माधव, "डॉक्टर साहब! यह अचानक नहीं हुआ है। दिव्या दीदी और मैं पिछले कई दिनों से इस मिशन पर काम कर रहे थे।"

डॉक्टर पंकज, "और मुझे किसी ने कुछ भी नहीं बताया।"

दिव्या, "सॉरी पंकज, लेकिन बता देती तो फिर इस खूबसूरत सरप्राइज का मजा कैसे आता।"

डॉक्टर पंकज, "अच्छा! यही है वह सरप्राइज, जिसे तुमने मुझे देने का वायदा किया था।"

दिव्या, "हाँ।"

डॉक्टर पंकज, "इसका मतलब यह हुआ कि यह तुम दोनों भाई–बहन की प्लानिंग थी।"

दिव्या, "जी, अब बताइए मेरा सरप्राइज कैसा रहा ?"

डॉक्टर पंकज, "दिव्या, मेरे पास कहने को कोई शब्द नहीं है। तुमने वह किया है, जिसे मैं कभी सोच भी नहीं सकता था। इससे खूबसूरत और कुछ नहीं हो सकता। तुमने मुग्धा पर नहीं, बल्कि मेरे ऊपर उपकार किया है।"

दिव्या, "धन्यवाद, पंकज। किंतु यह कोई उपकार नहीं, बल्कि मेरा फर्ज था।"

पंकज और दिव्या की बात सुनकर मुग्धा आश्चर्य से बोली, "दिव्या, क्या तुमने इस विषय में पंकज को कुछ भी नहीं बताया था ? क्या यह सारा निर्णय तुम्हारा अकेले का था ?"

दिव्या, "हाँ, पंकज ने मुझे विवाह की पहली रात को ही आपके बारे में सबकुछ बता दिया था। मैं उसी समय से आपसे मिलना चाहती थी, लेकिन यह संभव न हो पाया। जब पंकज ने उस दिन धनुष के घर से वापस आकर आपसे मिलने की बात बताई तो मुझे लगा कि शायद ईश्वर ने अपनी योजना में मेरी भूमिका यहीं से प्रारंभ की है। मैं चाहती तो पंकज को शुरुआत में ही सबकुछ बता देती, लेकिन मन के किसी कोने में इस बात की आशंका थी कि किसी संकोच की वजह से पंकज कहीं मना न कर दें और रिश्तों की यह नाजुक बेल पनपने के पहले ही कहीं मुरझा न जाए। वैसे मुझे पंकज पर पूरा विश्वास था कि वे मेरे इस निर्णय में मेरा पूरा साथ देंगे।"

मुग्धा, "दिव्या! यह अकल्पनीय है। तुम वास्तव में दिव्य हो। तुमने आज अपने नाम का अर्थ सार्थक कर दिया।"

फिर पंकज से मुखातिब होते हुए मुग्धा बोली, "मैंने बरसों पहले तुम्हें दिव्या के हाथों में सौंपने का जो निर्णय लिया था, आज मुझे अपने उस निर्णय पर गर्व हो

रहा है कि मैंने तुम्हें बिल्कुल सही हाथों में सौंपा था।"

माधव, "दिव्या दी! मैंने बरसात के मौसम में आकाश में बादलों के बीच इंद्रधनुष को चमकते हुए तो कई बार देखा है, किंतु कोई किसी की स्याह पड़ती जिंदगी में निस्स्वार्थ ढंग से इस प्रकार इंद्रधनुष बनकर उसकी जिंदगी को इतना रोशन और रुपहला बना दे, ऐसा मैंने रीयल लाइफ में अब तक न कहीं देखा है और न कहीं सुना है। आपने साबित कर दिया कि इनसान चाहे तो आकाश को भी जमीन पर उतार सकता है। सच कहूँ तो हमारे मनीषियों ने आप जैसी स्त्री को देखकर ही नारी को देवी कहा होगा।"

दिव्या, "अरे! बस, नहीं तो मैं फूल कर मोटी हो जाऊँगी। अब क्या सारी बातें यहीं दरवाजे पर ही होंगी या हम मुग्धा दीदी के नए घर में अंदर चलकर दीवाली की मिठाई खाएँ।"

मुग्धा, "हाँ, जरूर। आइए अपने घर में अंदर चलें।"

बादलों में तो इंद्रधनुष केवल बरसात में ही मुसकराता है और वह भी थोड़ी देर के लिए, लेकिन आज धरती पर मुग्धा की जिंदगी में दिव्या ने पंकज और माधव के साथ मिलकर खुशियों से जगमगाते इंद्रधनुष की ऐसी सुहानी छटा बिखेर दी थी, जिसकी प्रभा कहीं समा नहीं रही थी, बस फैलती ही जा रही थी।

□

हनीमून फेज–2

हर संबंध का एक हनीमून पीरियड होता है। इस दौरान एक-दूसरे के लिए कुछ कर गुजरने की कशिश, एक-दूसरे में समा जाने की चाहत इतनी तीव्र होती है कि एक-दूसरे को जानने-समझने में समय गँवाने का मन ही नहीं करता।

कमोलिका चंडीगढ़ के नामी बिजनेसमैन की इकलौती बेटी थी और रजत चंडीगढ़ का तेजी से उभरता हुआ एक सिंगिंग आर्टिस्ट। रजत की आवाज में गजब की कशिश थी। कई पार्टियों में कमोलिका ने रजत को गाते हुए सुना था। पता नहीं कब और कैसे रजत के नगमों में कमोलिका ने अपनी दुनिया ढूँढ़ ली, वहीं रजत को भी कमोलिका में अटल गहराइयों वाला एक सागर महसूस होता, जिसमें लयबद्ध लहरें लगातार हिलोरें ले रही हों। दोनों को धीरे-धीरे लगने लगा—"They are really made for each other" सुरों की लहरियों से शुरू हुई प्यार की दास्तान ने बहुत जल्द अपना सुरमई घर सजा लिया।

प्रेम की चाशनी में पगी रातों की मिठास शुक्ल पक्ष के चंद्रमा की भाँति दिन-प्रतिदिन बढ़ती ही चली गई। पूनम की रात में जैसे समुंदर की लहरें चाँद से मिलन के लिए सारे बंधन तोड़कर निकल पड़ती हैं, वैसे ही मधुमास की इस सुखद बेला में इन दोनों का लहू मानो शिराओं को तोड़कर बाहर निकल पड़ना चाहता था। हर क्षण गुजरता तो अपनी गति से ही है, परंतु मधुयामिनी की बात कुछ अलग ही होती है, इसका हर क्षण इसके नायक और नायिका को अपने में इतना डुबो लेता है कि इसके गुजरने का उन्हें एहसास भी नहीं होता। परंतु जब जन्म से लेकर अब तक समय के पहिए कभी नहीं रुके तो यह मधुर कालखंड भी भला क्यों ठहरता? अपने शीर्ष पर पहुँचकर गुजरते हुए हर क्षण के साथ इसे भी ढलान पर आना ही था।

शादी के शुरुआती महीनों में कमोलिका के प्रेम में खोए रजत ने सारे सिंगिंग ऑफर कोई-न-कोई बहाना बनाकर ठुकरा दिए। वह सिर्फ उसके प्यार में डूबा

रहना चाहता था। परंतु शुरुआती महीनों की खुमार जैसे-जैसे कम होने लगी, वैसे-वैसे रजत को अपने कॅरियर में बहुत कुछ गँवा देने का एहसास होने लगा। किंतु कमोलिका अभी भी रजत के प्रत्येक क्षण पर अपना अधिकार चाहती थी, हर क्षण उसका, किसी के साथ थोड़ी सी भी शेयरिंग नहीं।

इस कशमकश ने रजत को चुंबक के दो विपरीत ध्रुवों पर ले जाकर खड़ा कर दिया। कॅरियर पर निरंतर गहराता जा रहा काला बादल उसे बुरी तरह विचलित कर रहा था, वहीं प्रेम में दीवानी कमोलिका उसे कहीं जाने नहीं देना चाहती थी और वह शायद खुद भी कमोलिका से एक क्षण के लिए अलग नहीं होना चाहता था।

रजत हर समय खुद को दोराहे पर खड़ा पाता, पर उसे कुछ नहीं सूझ रहा था कि वह किधर जाए। पिछले कुछ दिनों से कमोलिका को भी रजत कुछ असहज और अनमना सा लग रहा था। वह जब भी उससे इस बाबत कुछ पूछती तो वह सिरदर्द का बहाना बनाकर बात को टाल देता। एक रात जब कमोलिका सो रही थी तो अचानक म्यूजिक की आवाज से उसकी नींद खुल गई। रजत बिस्तर पर नहीं था। म्यूजिक की आवाज ड्राइंगरूम से आ रही थी। उसने ड्राइंगरूम में झाँककर देखा तो पाया कि सुर लहरियों में डूबा रजत गिटार पर एक दिलकश गाना बजा रहा है। उसके चेहरे पर अनोखी चमक थी, जो पिछले काफी समय से कहीं खो गई थी।

कहते हैं न कि लड़कों की तुलना में लड़कियों का सिक्स्थ सेंस ज्यादा पावरफुल होता है। वह समझ गई कि संगीत ही रजत का पहला प्यार है और संगीत की वजह से ही तो रजत उसकी जिंदगी में आया है।

उसी समय उसके मोबाइल पर एक मैसेज फ्लैश हुआ, जिसमें लिखा था—"Come forward before anybody asks you." उसे समझ में आ गया कि उसे अब क्या करना है। इवेंट मैनेजर होने के कारण उसकी बहुत लोगों से जान-पहचान थी।

उस दिन वह रजत से पहले ही उठ गई और उसने रजत के पुराने म्यूजिक कंपनी वालों से बात कर उन्हें आश्वस्त कर दिया कि रजत फिर से संगीत की दुनिया में वापसी करने को तैयार है और वह भी पहले से कहीं अधिक ऊर्जा और प्रतिभा के साथ। रजत की फैन फॉलोइंग इतनी अधिक थी कि म्यूजिक कंपनी वाले तो उसे पहले से ही रीलॉन्च करने को तैयार बैठे थे।

सुबह मॉर्निंग टी के साथ जब कमोलिका ने रजत को अपना ऑफर सुनाया—"रजत, मैं तुम्हारे सिंगिंग शो की इवेंट मैनेज करना चाहती हूँ। क्या तुम मुझे अपना इवेंट मैनेजर बनाओगे?"

इस ऑफर को सुनकर रजत का मुँह खुला-का-खुला रह गया।

कमोलिका, "क्या हुआ, तुम्हें मेरा प्रपोजल अच्छा नहीं लगा?"

रजत, "अरे नहीं! पर इसमें हमारा काफी समय चला जाएगा और मैं तुम्हें एक पल के लिए भी मिस नहीं करना चाहता।"

कमोलिका, "तो क्या हुआ? हम रहेंगे तो साथ-साथ ही न। रजत! यह बात मैं दिल से कह रही हूँ।"

रजत, "कमोलिका, मुझे विश्वास हो गया है कि भगवान् ने तुम्हें मेरे लिए ही स्पेशली डिजाइन कर मेरे पास भेजा है।"

दोनों हँस पड़े।

बहुत दिनों के बाद रजत खुलकर हँसा था। उसे हँसता देख कमोलिका की आँखें भी खुशी से नम हो गईं। उसकी नम आँखों को देखकर रजत ने पूछा, "क्या हुआ? तुम्हारी आँखों में आँसू क्यों?"

कमोलिका, "रजत ये आँसू खुशी के हैं। तुम्हें हँसता देखकर मुझे आज प्यार से ज्यादा ममता उमड़ रही है।"

रजत ने उसे जोर से अपनी बाँहों में भींच लिया। उन बाँहों के घेरे में कमोलिका की आँखें खुद-ब-खुद बंद होती चली गईं।

उनके हनीमून का पार्ट-2 शुरू हो चुका था। जो पहले से कहीं अधिक खूबसूरत और रूमानी होने के साथ-साथ अपनी जमीन भी तलाश कर चुका था। वे अब तैयार थे, मजबूती से एक-दूसरे का हाथ थामे खट्टे-मीठे रसों में डूबी रीयल लाइफ में अपनी नई पारी में आगे बढ़ने के लिए।

□

एहसासों का मुलायम वर्क

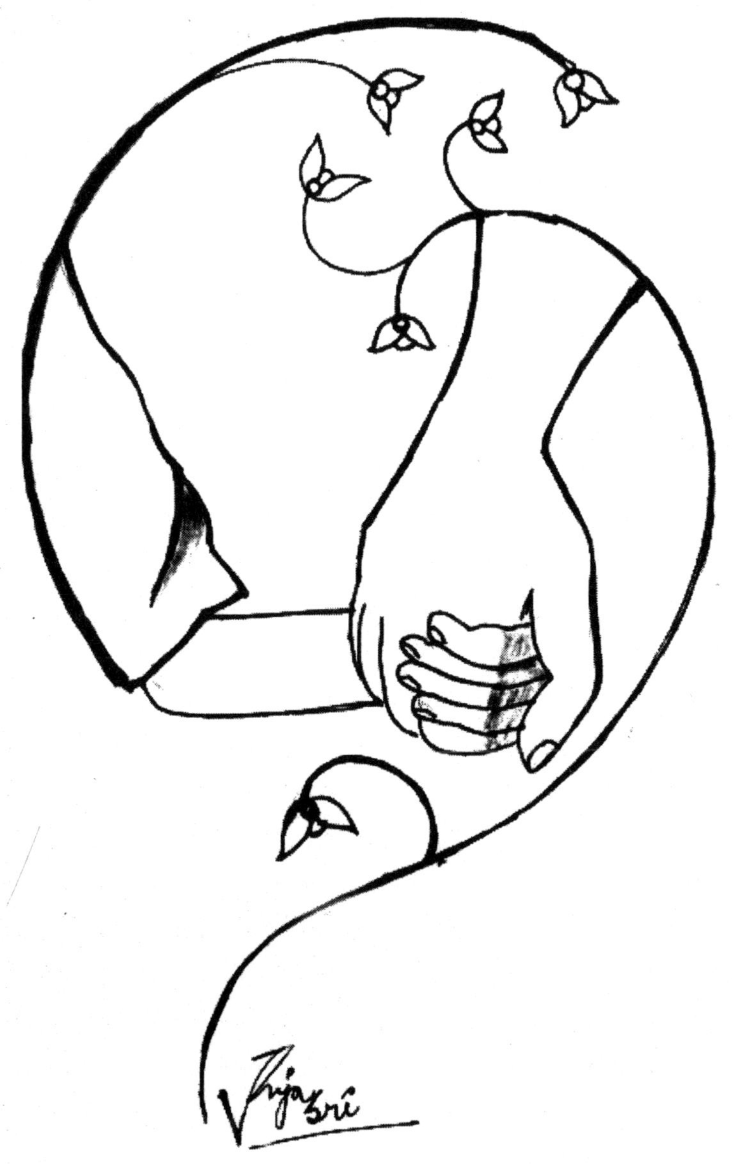

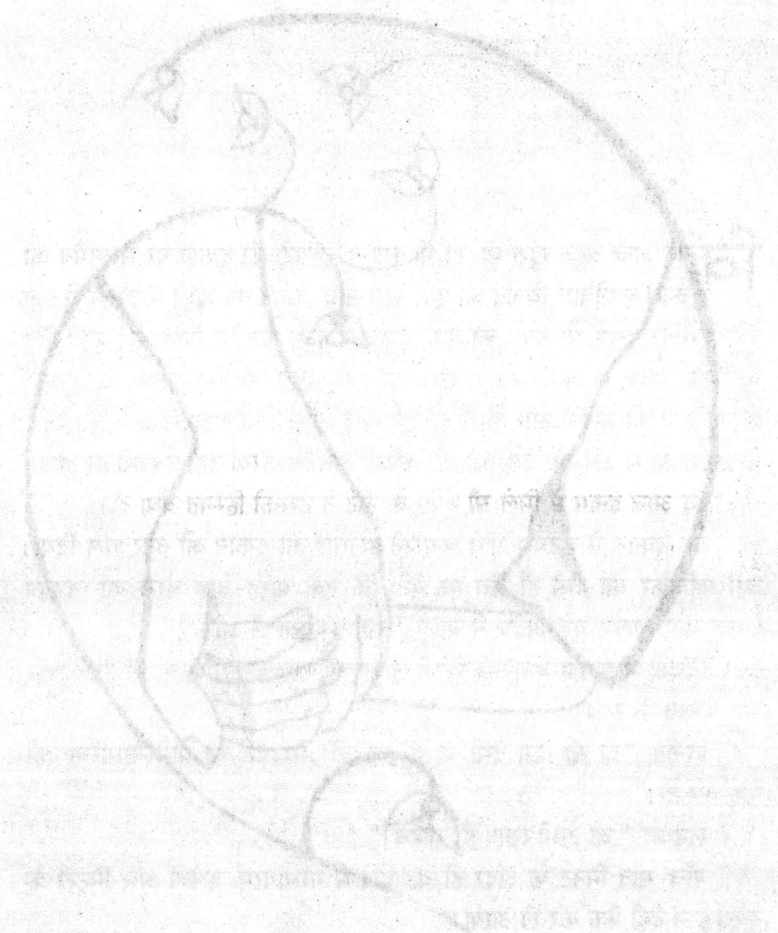

विनीत आज बहुत खुश था, हो भी क्यों न! कपड़े की दुकान पर सेल्समैन का काम करनेवाले विनीत को एक भारी सौदा कराने की खुशी में उसके सेठजी ने उसे बतौर इनाम सौ रुपए का एक कड़कता हुआ नोट जो दिया था। बहुत दिन से उसकी इच्छा थी कि अम्मा के साथ चौक के मशहूर बनारसी हलवाई की दुकान की देसी घी की जलेबी और केसरिया दही खाई जाए। लेकिन 3000 रुपए की छोटी सी तनख्वाह में उसे यह देशी घी की जलेबी और केसरिया दही लग्जरी ही लगती थी। परंतु आज इनाम में मिले सौ रुपए के नोट ने उसकी हिम्मत बँधा दी।

वह दुकान से छूटकर सीधे बनारसी हलवाई की दुकान की ओर चल दिया। वहाँ पहुँचकर वह जैसे ही बेंच पर बैठा कि एक बारह-तेरह बरस का लड़का उसके पास आकर बड़े अदब से बोला, "साहब! क्या ले आऊँ?"

जिंदगी में पहली बार उसे किसी ने साहब कहा था और वह भी इतने प्यार और इज्जत के साथ।

विनीत, "दो सौ ग्राम देसी घी की जलेबी और ढाई सौ ग्राम केसरिया दही पैक कर दो।"

लड़का, "जी अभी लाता हूँ, साहब।"

पाँच-सात मिनट के अंदर ही वह दोने में गरमागरम जलेबी और मिट्टी के कुल्हड़ में दही पैक कर ले आया।

लड़का, "यह लो, साहब।"

विनीत, "थैंक यू।"

उस 'थैंक यू' के बदले में उसने अपने उजले दाँत दिखाते हुए मुसकराकर सिर झुका दिया, फिर एक क्षण बाद बोला, "साहब! एक बात कहूँ?"

विनीत, "हाँ, बताओ।"

लड़का, "साहब जलेबी यहीं खा लेते तो अच्छा रहता, नहीं तो घर जाते-जाते ठंडी पड़ जाएगी।"

विनीत, "तुम ठीक कहते हो, लेकिन घर पर अम्मा भी हैं और वे मेरी राह देख रही होंगी। उनके साथ इसे खाने का मजा कुछ और ही आएगा।"

लड़का, "हाँ, साहब! यह बात तो है। आप बहुत खुशनसीब हैं कि आपकी माँ हैं।"

विनीत, "क्यों, माँ तो सभी की होती हैं?"

लड़का, "होती होंगी साहब। पर मैंने तो जब से आँख खोली है, अपने आप को अकेला ही पाया है। न माँ, न बाप।"

विनीत, "सॉरी।"

लड़का, "कोई बात नहीं साहब। आप जाइए, आपकी माँ आपकी राह देख रही होंगी।"

विनीत, "ठीक है, पर मैं क्या तुम्हारा नाम जान सकता हूँ।"

लड़का, "हाँ, क्यों नहीं साहब। मेरा नाम दया है।"

अभी विनीत और दया की बात हो ही रही थी कि दुकान के मालिक ने आवाज दी, "दया, जा, अंदर कारखाने से लाकर लड्डू की ट्रे को काउंटर में ठीक से सजा दे।"

दया, "जी सेठजी, अभी रखता हूँ।"

जाते-जाते दया विनीत से बोला, "साहब! मैं चलता हूँ। माँ को मेरा प्रणाम कहना।"

इतना कहकर वह लड्डू की ट्रे लेने कारखाने की ओर दौड़ पड़ा। उसकी बालसुलभ मुसकान और निश्छल व्यवहार पर मुग्ध विनीत के कदम कुछ देर के लिए अपने आप थम से गए, शायद उसकी उजली मुसकान को एक बार पुनः देखने के लिए।

दो मिनट में ही दुकान के पीछे बने कारखाने से लड्डू की ट्रे लेकर दया पुनः दुकान में हाजिर हो गया। पता नहीं क्यों इन पाँच-दस मिनटों में ही विनीत को दया पर प्यार क्यों आने लगा। शायद यह देखकर कि इस अनाथ बच्चे के मन में माँ के प्रति इस कदर कशिश है कि इतनी व्यस्तता के बीच भी एक अनजान की माँ को 'माँ' संबोधित कर उसे नमस्ते कहना वह नहीं भूला।

होंठों पर कोमल मुसकराहट लिये और दोनों हाथों से मजबूती से ट्रे को पकड़े

एक-एक कदम सावधानी से बढ़ाते हुए विनीत को उसमें कैशोर्य और गांभीर्य का अद्भुत सम्मिश्रण दिखाई दे रहा था।

ट्रे में सजे हुए लड्डुओं के ऊपर बड़े करीने से चाँदी का चमचमाता हुआ वर्क लगा हुआ था। ट्रे लेकर आते समय जब उसकी नजरें विनीत से मिलीं तो उसने उसे देख हलके से मुसकरा दिया। विनीत भी जवाब में हलके से मुसकराकर दही-जलेबी के पैसे चुकाने कैश काउंटर पर बैठे सेठजी की ओर चल पड़ा।

विनीत, "सेठजी, कितने पैसे हुए?"

सेठ ने वहीं से दया को आवाज लगाई, "अरे! कितना हिसाब हुआ इनका?"

दया, "सेठजी 50 रुपए की दो सौ ग्राम जलेबी और 25 रुपए का एक पाव दही, कुल 75 रुपया।"

विनीत अभी सेठजी को पैसे चुका ही रहा था कि अचानक सेठ चिल्ला उठा, "करा दिया न नुकसान।"

सेठ को पैसे चुका रहे विनीत ने पीछे मुड़कर देखा तो पाया कि लड्डुओं की ट्रे में से कुछ लड्डू गिर गए हैं और करीने से सजा चाँदी का वर्क एक-दो जगह से उधड़ गया है।

एक भद्दी सी गाली देते हुए सेठ दया से बोला, "मैं जानता था कि तू कुछ-न-कुछ गड़बड़ी जरूर करेगा।"

दया, "सेठजी, काउंटर में ट्रे रखते समय आपकी बात का जवाब देते समय ध्यान भंग हो जाने से हाथ थोड़ा हिल गया, जिस कारण कुछ लड्डू गिर गए। मैं अभी ठीक कर देता हूँ।"

सेठ, "तुझे पता है कि चाँदी का एक वर्क पच्चीस रुपए का आता है और तूने सब खराब कर दिया। इसकी भरपाई कौन करेगा, तेरा बाप या तेरी माँ?"

दया, "सेठजी, माँ-बाप को कुछ मत कहो, वे तो इस दुनिया में हैं भी नहीं।"

सेठ, "अच्छा तो अब तू जबान लड़ाएगा। अनाथ समझकर तुझे नौकरी क्या दे दी, अब तू मुझे ही आँखें दिखा रहा है।"

अभी कोई कुछ समझ पाता कि सेठ का एक झन्नाटेदार थप्पड़ उस मासूम के गाल पर बज उठा। दुकान में मौजूद सब लोग सन्न रह गए।

विनीत भी हतप्रभ रह गया। अभावों से जूझते विनीत को लगा कि शायद दया नाम के उस मासूम से लड़के से उसका अवश्य कोई पूर्व जन्म का रिश्ता है, जिसके कारण उसकी पीड़ा उसे अंदर तक भेद रही है और सेठ का यह थप्पड़ दया पर

नहीं, बल्कि उसके छोटे भाई के ऊपर लगा है।

इस घटना ने स्वभाव से संकोची विनीत में पता नहीं कौन सी शक्ति भर दी। दही व जलेबी खरीदने के बाद इनाम के बचे पच्चीस रुपए जो विनीत की मुट्ठी में अभी भी बंद थे, उसे सेठजी के सामने रखते हुए वह बोला, "सेठजी, बहुत हुआ। अब बस रहने दीजिए। इस लड़के से चाँदी के वर्क का जो नुकसान हुआ है, उसके एवज में ये रहे पच्चीस रुपए।"

फिर उसने दया का हाथ पकड़ा और बोला, "भाई, चल, माँ घर पर इंतजार कर रही होंगी।"

अपमान से आहत दया के गले में अब तक घुट रही सिसकी सहसा रुदन बन फूट पड़ी।

चाँदी के फटे हुए वर्क पर एहसासों का बारीक मलमली वर्क चढ़ चुका था, उससे भी कहीं अधिक मुलायम और चमकीला।

□

रोशनदान की जाली
और वे चिड़ा-चिड़ी

नवंबर 2015 में पंचायत चुनाव में मेरी ड्यूटी उत्तर प्रदेश के मऊ जिले में लगी थी। लखनऊ से उत्सर्ग ट्रेन से चलकर भोर में ही मैं मऊ पहुँच गया। होटल में मेरा कमरा नंबर 41 तीसरी मंजिल पर स्थित था। चूँकि इतनी सुबह करने के लिए कुछ खास नहीं था, अत: उस समय मैंने सो जाना ही उचित समझा। लगभग डेढ़ घंटे बाद अचानक चीं-चीं की आवाज से मेरी नींद टूटी। मुझे आभास हो गया कि सवेरा हो गया है। फिर भी अलसाया सा मैं आँखें बंद किए पुन: सोने की कोशिश करने लगा। लेकिन चीं-चीं की आवाज निरंतर कानों में पड़ती रही। मैं मन-ही-मन ये कयास लगाने लगा कि होटल के कमरे से सटा कोई दरख्त है, जिस पर बैठा चिड़ियों का झुंड उषा का अभिनंदन कर रहा होगा या फिर बाहर छज्जे पर बैठा कोई खग-वृंद इस प्रात: बेला में आगे की योजना पर विमर्श कर रहा होगा। मेरे लिए अच्छी बात यह हुई कि बिना अलार्म के उन परिंदों ने मुझे जगा दिया। मैं मन-ही-मन यह सोचने लगा कि शायद परिदों को भी पता है कि ड्यूटी पर समय से पहुँचना चाहिए, इसलिए ये मुझे जगाने आए हैं।

आँखें खोलते ही मेरा साक्षात्कार दो प्राणियों से हुआ। ये दो प्राणी थे, गौरैया का एक जोड़ा, जो कमरे में लटक रहे पंखे के डैनों पर बैठे थे। मेरी और उन दोनों परिंदों की कुल जमा तीन जोड़ी नजरें जैसे ही आपस में मिलीं, तो सबकुछ एक क्षण के लिए ठिठक सा गया, गोया समय भी कुछ पलों के लिए रुककर आनंद लेना चाहता हो। फिर जैसे ही उन दोनों मासूम प्राणियों की तंद्रा टूटी, उन्होंने एक-दूसरे की ओर देखा, उनके मध्य कुछ मूक संवाद हुआ और वे तत्क्षण उड़कर कमरे में लगी फाल्स सीलिंग के एक कोने में बिजली के बल्ब के लिए बनी खाली जगह में घुस गए। तब तक मैं भी उस सुंदर मोहपाश से बाहर आ चुका था। इसके साथ मुझे यह भी पता चल चुका था कि सुबह चीं-चीं का अलार्म कहीं बाहर से नहीं,

वरन् मेरे कमरे के अंदर से ही आ रहा था। थोड़ी देर बाद मैं अन्य जरूरी कार्यों में व्यस्त हो गया, और उन परिंदों की आवाज आनी भी बंद हो गई। लेकिन पता नहीं क्यों, मेरा ध्यान बरबस उन परिंदों की तरफ खिंचा जा रहा था। उनकी आवाज अब बिल्कुल नहीं आ रही थी। मुझे बहुत अपराध बोध होने लगा कि मेरे कारण उनकी दुनिया में व्यवधान पड़ गया। वे कितने उन्मुक्त भाव से हँस-बोल रहे थे। मेरी नजरें उनसे क्या मिलीं, वे मेरी नजरों से ही दूर हो गए। बार-बार मेरा ध्यान उन्हीं की ओर चला जाता था। उस दौरान मैंने ऐसा कोई कार्य करने की कोशिश नहीं की, जिससे कोई अनावश्यक आवाज या शोर हो।

अचानक फाल्स सीलिंग के उसी छेद से मुझे हलका सा कुछ झाँकता दिखाई पड़ा। मेरी आँखों की पुतलियाँ उस समय कुछ ऐसे फैल गईं, जैसे सुनार की दुकान पर कोई आकर्षक डिजाइन का जेवर देखकर हमारी आँखें कुछ ज्यादा ही बड़ी हो जाती हैं। यह उस जोड़े के नर चिड़े का सिर था, जो एक कुशल जिमनास्ट की भाँति अपने सिर का संतुलन साधे कोटर से उलटा लटककर कमरे का जायजा ले रहा था। तभी अचानक कमरे की घंटी बजी और मुझे मजबूरन दरवाजा खोलने के लिए उठना पड़ा। मैं वैसे तो बहुत धीमे से उठा, लेकिन शायद उस परिंदे की छठी इंद्रिय बहुत शक्तिशाली थी। मेरे उठने के संकेत मात्र से ही वह तुरंत उस छेद के अंदर चला गया। मैंने मन-ही-मन घंटी बजानेवाले को खूब कोसा। खैर, दरवाजा खोल कर देखा, तो पाया कि मेरे स्टाफ मुझे ड्यूटी पर ले जाने के लिए आए हैं। मीटिंग के लिए जाने से पहले एक बार मैंने उस कोटरनुमा छेद की ओर देखा कि शायद वे दिख जाएँ। लेकिन अफसोस, ऐसा न हुआ और मैं उदास मन से मीटिंग के लिए चल दिया।

ऐसा नहीं था कि मैंने गौरैया पक्षी पहले न देखे हों। मेरी माँ छत की मुंडेर पर रोज चिड़ियों के लिए चावल और पानी रखती हैं, जहाँ अन्य चिड़ियों के साथ गौरैया भी आती हैं। लेकिन पता नहीं क्या कशिश थी, इस जोड़े में कि मेरा मन बार-बार उन्हें देखने को कर रहा था। मीटिंग में भी मेरा मन उन अजनबी परिंदों की तरफ खिंचा चला जा रहा था। मुझे लग रहा था कि मैं कमरे का दरवाजा बंद करके चला आया हूँ और वे बेचारे अंदर भूख-प्यास से बेहाल होंगे। जैसे ही मीटिंग समाप्त हुई, मैंने ड्राइवर को तेजी से होटल चलने को कहा। उस समय मैं ऐसे अधीर हो रहा था, जैसे अरसे बाद अपने बीवी-बच्चों से मिलने जा रहा हूँ। होटल के कमरे के दरवाजे पर पहुँचते ही उनकी चीं-चीं सुनकर मुझे गहरा सुकून मिला।

कमरे में आने के बाद मेरा पूरा ध्यान इस कोटर पर लगा रहा। थोड़ी देर बाद वे दोनों प्राणी उस कोटर से बाहर आए और पुन: पंखे के डैनों पर बैठ गए। शायद उनके प्रति मेरे लगाव और प्रेम की अनुभूति उन तक पहुँच चुकी थी, तभी वे इस बार इत्मीनान से बैठे रहे। थोड़ी देर उनको निहारने के बाद मैंने महसूस किया कि नर चिड़ा तो सामान्य रूप से बैठा है, परंतु मादा बार-बार अपना संतुलन बनाने की कोशिश कर रही है। गौर से देखने पर मेरा दिल अचानक धक्क रह गया। दरअसल मादा चिड़िया का एक पैर था ही नहीं। यह देखकर मेरा मन करुणा और दु:ख से भर गया। थोड़ी देर बाद वे कमरे में बने रोशनदान पर जा बैठे। अब जो घटित हुआ, उसे देखकर मैं दंग रह गया।

प्रेम, साहचर्य एवं सहयोग का ऐसा जीवंत दर्शन मेरे जीवन में इससे पूर्व घटित नहीं हुआ था। उस रोशनदान में हवा आने-जाने के लिए एक महीन जाली लगी थी, लेकिन पता नहीं कैसे उस जाली का निचला हिस्सा खुला रह गया था। चिड़े ने अपने दोनों पंजों से जाली के उस खुले सिरे को पकड़ा और फिर एक कुशल जिमनास्ट की भाँति अपने दोनों पंख फैलाकर हवा में एक ही स्थान पर अपना संतुलन बनाते हुए उड़ने लगा। ऐसा करने से वह जाली थोड़ा ऊपर की ओर उठ गई। जाली के उस उठे हुए हिस्से से वह मादा चिड़िया बाहर निकलने लगी, लेकिन वह पूरी तरह बाहर नहीं निकली; क्योंकि अब साहचर्य धर्म निभाने की बारी उसकी थी। उसने अपने शरीर को अब चिड़े के द्वारा थोड़ा उठाए हुए उस जाली के नीचे इस प्रकार टिका दिया, जिससे उसके साथी के बाहर निकलने का रास्ता बना रहे। इसके बाद वह नर चिड़ा उस खुले हुए हिस्से के नीचे से सरकता हुआ, अपनी सहचरी के बराबर जा पहुँचा। फिर दोनों ने वहाँ से एक साथ खुली हवा में उड़ान भरी।

यह सारी क्रिया उन दोनों ने इतनी खामोशी, संजीदगी और सहयोग से की कि मुझे किसी कवि की वे पंक्तियाँ याद आ गईं—"परिंदों को मंजिल मिलेगी यकीनन, ये फैले हुए उनके पर बोलते हैं। वे लोग रहते हैं खामोश अकसर, जमाने में जिनके हुनर बोलते हैं।"

मंत्र-मुग्ध सा उनको देखता हुआ मैं सोचने लगा के ये बेजुबान पक्षी प्रेम व मानवता के कितने बड़े पुजारी हैं। साथ ही उनमें तहजीब भी कितनी कूट-कूटकर भरी हुई है। शारीरिक रूप से थोड़ी दुर्बल अपनी संगिनी के प्रति चिड़े का प्रेम व समर्पण में नहाया हुआ मासूम प्यार आज प्रकृति के सभ्यतम कहे

जानेवाले समाज के लिए आईना है। जरूरतमंदों एवं महिलाओं के विरुद्ध हिंसा व भेद-भाव को मिटाने के लिए किसी कानून से ज्यादा आवश्यक है, हम अपने नित्य-प्रति के व्यवहार एवं नजरिए में सुधार करें, जो उन दो मूक प्राणियों ने साकार कर दिखाया था।

उन्नीस दिनों के उस प्रवास के दौरान मेरी निकटता उन बेजुबान, परंतु प्रेम और मानवता के सच्चे पुजारियों से दिन-प्रतिदिन बढ़ती गई और मैं रोज उनसे कुछ-न-कुछ सीखता रहा। ड्यूटी समाप्त करने के बाद मऊ के माधव होटल से निकलते समय मैंने एक सच्चे शिष्य की भाँति सिर झुकाकर अपने गुरु उन गौरैया युग्म को प्रणाम किया, जिन्होंने जीवन भर के लिए मुझे एक मर्मस्पर्शी सीख दी। □

कजिन नहीं दीदी

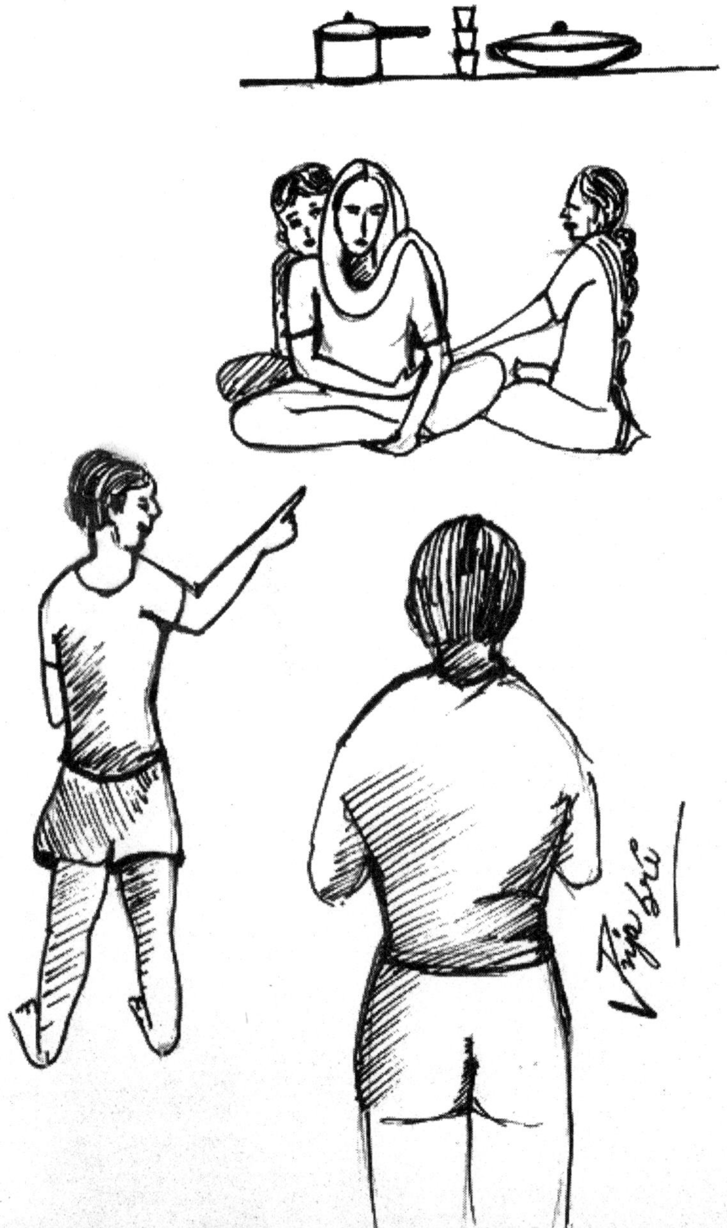

अरविंद की कॉलोनी के बाहरी छोर पर एक पुरानी बस्ती है। मुख्य सड़क से कॉलोनी के अंदर जो रास्ता आता है, वह उस बस्ती से होकर ही आता है। बस्ती से होकर आनेवाले उस रास्ते पर एक कुम्हार का घर है, जिसका नाम युनूस है। अरविंद दीवाली में मिट्टी के दीये, खिलौने आदि उसी के यहाँ से खरीदता है। अकसर उस रास्ते से आने-जाने के कारण युनूस से उनकी अच्छी दुआ-सलाम हो गई है। वह उसे देखते ही उठकर खड़ा हो जाता और बड़े अदब से उसका हाल-समाचार पूछता। पिछली दीवाली पर अरविंद अपनी बिटिया के साथ उसकी दुकान पर मिट्टी के दीये, खिलौने आदि खरीदने गया था। दीवाली की वजह से उस समय युनूस के घर के लगभग सारे सदस्य काम में लगे हुए थे। कोई तख्त पर खिलौने सजा रहा था तो कोई उसे रँग रहा था। एक लड़की मिट्टी के खिलौनों को गाढ़े लाल रंग से भरे एक बड़े से बरतन में डुबो-डुबोकर रँग रही थी। उसके हाथ रंग से लाल हो गए थे।

रंग से लाल हो गए उसके हाथों को देखकर उसकी बिटिया बोली, "पापा! देखिए, दीदी के हाथ कितने लाल हो गए हैं?"

वहीं पास बैठी एक महिला जो शायद उस लड़की की माँ थी, बोली, "बेटा, समय तो इसके हाथ पीले करने का आ गया है, पर…।"

अरविंद, "पर, क्या? कोई दिक्कत है क्या?"

उसकी बातों को सुनकर युनूस उसके पास आकर बोला, "साहब, शादी के लिए जरूरी सामान का जुगाड़ नहीं हो पा रहा है। बहुत चिंता हो रही है। ज्यादा देर हो जाएगी तो रिश्ता टूट भी सकता है।"

अरविंद युनूस से बोला, "युनूस, बताओ मैं क्या कर सकता हूँ, तुम्हारे लिए?"

युनूस, "साहब, घर की औरतें रात में सिलाई-कढ़ाई का काम कर कुछ पैसा

कमा लेती हैं, किंतु हमारे घर में बिजली नहीं है, इसलिए इन्हें लैंप की रोशनी में काम करना पड़ता है। इन्हें बहुत दिक्कत होती है। बिजली के कनेक्शन के लिए कई महीनों से दौड़ रहे हैं। लेकिन कोई-न-कोई कमी की बात बताकर मुझे लौटा दिया जाता है। यदि बिजली का कनेक्शन मिल जाए तो रात में काम करने में इन औरतों को सुविधा हो जाएगी और हम कुछ ज्यादा रुपए कमा लेंगे, जिससे शादी का जरूरी सामान जुटाने में मदद मिलेगी। यदि आप बिजली का कनेक्शन दिलाने में कुछ मदद कर सकें तो बहुत मेहरबानी होगी।"

इतना कहकर वह चुप हो गया, उसे लगा कि थोड़ा अवसर पाने पर वह शायद कुछ ज्यादा ही बोल गया है।

अरविंद, "अरे! इसमें कौन सी बड़ी बात है।"

युनूस, "क्या आप बिजली विभाग में किसी को जानते हैं?"

अरविंद, "हाँ-हाँ! क्यों नहीं। बिजली विभाग के एग्जीक्यूटिव इंजीनियर मेरे परिचित हैं। मैं अभी उन्हें फोन कर देता हूँ, वे अवश्य तुम्हारी मदद करेंगे।"

यह सुनकर उसका चेहरा खुशी से खिल उठा।

अरविंद ने तत्काल बिजली विभाग के एग्जीक्यूटिव इंजीनियर को फोन लगाया और उनसे युनूस को बिजली का कनेक्शन दिलाने में मदद देने के लिए अनुरोध किया। दरअसल अरविंद पुलिस विभाग में एक सीनियर अफसर था, इसीलिए बिजली विभाग के एग्जीक्यूटिव इंजीनियर ने उसकी बात का पूरा सम्मान करते हुए उनसे युनूस को अगले ही दिन उनके ऑफिस भेज देने के लिए बोला और मदद करने का पूरा आश्वासन भी दिया।

अरविंद ने युनूस को बताया कि वह सुबह एग्जीक्यूटिव इंजीनियर साहब से उसका नाम बताकर मिले। भगवान् ने चाहा तो उसका काम जरूर हो जाएगा।

अरविंद की माँ घर की मुंडेर पर मिट्टी के बरतन में चिड़ियों के लिए रोज सुबह-सुबह चावल के दाने और पानी रखती हैं। वह पानी वाला मिट्टी का कटोरा थोड़ा पुराना हो गया था और उसमें काई भी लग गई थी। अत: मिट्टी का नया कटोरा खरीदने अरविंद जब युनूस की दुकान पर गया, तो उस दिन वह दुकान पर नहीं मिला। उसकी जगह चौदह-पंद्रह बरस का एक लड़का वहाँ बैठा था।

अरविंद ने उससे पूछा, "युनूस, नहीं है क्या?"

वह लड़का बोला, "दीदी की शादी की तारीख तय हो गई है। पापा रिश्तेदारी में निमंत्रण देने गए हैं।"

अरविंद ने बातों-बातों में उससे पूछा, "क्या तुम उनके बेटे हो?"

वह बोला, "हाँ।"

अरविंद, "तुम्हारा नाम क्या है?"

वह लड़का बोला, "शमी।"

अरविंद ने यों ही उससे पूछा, "तुम भाई-बहनों में कौन से नंबर पर हो, शमी?"

शमी, "मैं सबसे बड़ा हूँ।"

अरविंद ने आश्चर्य से कहा, "तुम अभी-अभी बता रहे थे कि दीदी की शादी तय हो गई है तो तुम सबसे बड़े कैसे हो गए? अगर वह दीदी है तो बड़ी तो वही हुई न।"

शमी, "हाँ, वह मुझसे बड़ी है, मेरी दीदी है।"

अरविंद का सिर चकरा गया। वह लड़की अगर शमी की दीदी है तो बड़ी वही हुई, पर शमी यह क्यों कह रहा है कि अपने सभी भाई-बहनों में वही सबसे बड़ा है। उसे कुछ समझ में नहीं आया।

अरविंद ने आश्चर्य से पूछा, "तुमने अभी-अभी बताया कि तुम भाई-बहनों में सबसे बड़े हो तो फिर वह दीदी कैसे हुई? क्या तुम्हारे घर में छोटी बहन को भी दीदी कहते हैं।"

शमी, "अरे! वह मेरे बड़े अब्बा की बेटी है, मुझसे बड़ी है तो मेरी दीदी ही हुई न।"

अरविंद, "मतलब कि वह तुम्हारी कजिन है।"

शमी, "कजिन, इसका क्या मतलब होता है?"

अरविंद ने उसे बताया, "कजिन मतलब चचेरे या मौसेरे भाई-बहन।"

शमी, "साहब, हम सब बस भाई-बहन हैं। बहन-तो-बहन ही होती है न, चचेरी क्या और अपनी क्या। मैं बस यही जानता हूँ कि मैं उसका भाई हूँ और वह मेरी दीदी है।"

उस छोटे से लड़के में रिश्तों की इतनी गहरी समझ देखकर अरविंद को अपने ऊपर लज्जा आने लगी। एक साधारण से कुम्हार के छोटे से लड़के ने उस पढ़े-लिखे सो-कॉल्ड सभ्य आदमी को संस्कारों का आईना दिखा दिया था।

बात बहुत छोटी सी थी, लेकिन उसका मर्म इतना गहरा था कि अरविंद को लगा, कहाँ से हमने अपने बच्चों को यह कजिन, फर्स्ट कजिन, सेकंड कजिन आदि की बातें सीखा दी हैं। वे भी क्या दिन थे, जब रिश्ते की बहनों के साथ-साथ मोहल्ले की सभी लड़कियाँ भी केवल दीदी या छोटी बहन हुआ करती थीं।

आज एक छोटे से लड़के से वह पराजित हो गया था, पर इस अद्भुत पराजय से उसके मन में कोई कुंठा या उस लड़के के प्रति कोई प्रतिकार की भावना नहीं उपजी थी। उसे लगा कि शायद वह ठीक ही पराजित हुआ है। इस पराजय ने उसे यह सिखा दिया था कि आज भी आम हिंदुस्तानी घरों में भतीजी या भानजी बेटी ही होती है और रिश्ते की कोई भी बहन, केवल बहन। उसने मन-ही-मन सोचा कि यदि ऐसी पराजय रोज मिले तो भी उसका स्वागत है।

इस वाकये के बाद अरविंद को कुछ दिनों के लिए सरकारी काम से शहर से बाहर जाना पड़ गया। कल शाम उस रास्ते से घर लौटते समय उसने देखा कि युनूस के घर के बाहर बहुत सारे लोग इकट्ठा हैं। थोड़ी रोशनी भी हो रखी है और सड़क के किनारे दो-तीन चारपाइयों पर विदाई में देने वाले सामान जैसे रंगीन साड़ियाँ, पीतल और स्टील के बरतन, भगोने, शनील के लिहाफ वाली रजाई आदि सजाकर रखे हुए हैं।

यह देखकर अरविंद ने ड्राइवर को गाड़ी रोकने को कहा। उसे देखकर यूनुस दौड़कर उसके पास आ गया और आदाब करके बोला, "साहब, आपके आशीर्वाद से बिजली का कनेक्शन दो-तीन दिन में ही लग गया था। घर में बिजली लग जाने से औरतों को रात में काम करने में बहुत सहूलियत हो गई। उन्होंने रात-रात भर जागकर काम किया, जिससे अच्छे-खासे पैसे इकट्ठे हो गए और उनसे बिटिया की शादी का सामान जोड़ने में बहुत मदद मिली। मैं आपका यह एहसान जिंदगी भर नहीं भूलूँगा।"

भाव-विभोर अरविंद उसका हाथ पकड़कर बस इतना ही बोल पाया, "यह क्या बात हुई, युनूस! तुम्हारी बिटिया हमारी भी तो बिटिया ही है न, तो इसमें एहसान कैसा।"

बिटिया की शादी सफलतापूर्वक संपन्न हो जाने की खुशी और उसकी नजर में उसके प्रति कदाचित् कृतज्ञता की वजह से युनूस की आँखें तो पहले से ही भीगी हुई थीं। उसकी बिटिया को अपनी बिटिया बोलकर अरविंद की आँखें भी अपने आप भीग आईं।

यूनुस के छोटे लड़के ने रिश्तों का जो सच्चा पाठ उसे कुछ दिनों पहले पढ़ाया था, आज उसकी वजह से अचानक आन पड़ी जीवन की एक परीक्षा में एक अनाम-अनजान रिश्ते को दिल से अपना कहकर उसका सही-सही उत्तर देने में वह सफल जो हो गया था।

□

फुटपाथ

दीपक और उसकी पत्नी रेशमा दोनों जॉब करते हैं। दोनों का ऑफिस शहर में एक-दो किलोमीटर के फासले पर ही है। दीपक का कार्यालय नौ बजे शुरू होता है और रेशमा का दस बजे, इसलिए सुबह के समय तो वे अलग-अलग समय पर दफ्तर के लिए निकलते हैं, परंतु उनके ऑफिस से छूटने का समय लगभग एक ही है। अत: शाम को वापसी के वक्त वे दोनों ऑफिस के मिडिल प्वांइट लालबत्ती चौराहे पर इकट्ठे होते हैं, फिर साथ-साथ घर जाते हैं। यदि दोनों में से कोई पहले आ गया तो दूसरे का इंतजार करता है। इस तरह इस जगह को उन्होंने अपना मीटिंग प्वांइट बनाया हुआ है, जिसे कोडवर्ड में वे अड्डा कहते हैं।

इस चौराहे की बाईं ओर वाले फुटपाथ पर खुले में एक दुकान है। दुकान क्या है, प्लास्टिक की महीन रस्सियों पर पान मसाले के पाउच, चिप्स, कुरकुरे आदि के पैकेट टाँगकर उसे दुकान का रूप दे दिया गया है। ऑफिस से छूटकर घर वापस जाते समय लोग अपने लिए पान-मसाला की पुड़िया और बच्चों के लिए एकाध चिप्स के पैकेट वहाँ से खरीद लेते हैं। जब भी दीपक वहाँ पहले पहुच जाता है, उस दुकान पर आने-जानेवाले लोगों को सामान खरीदते देखना उसे इंतजार की घड़ियाँ बिताने का सबसे अच्छा माध्यम लगता है।

आजकल रेशमा के ऑफिस में काम बढ़ जाने के कारण उसे ऑफिस से निकलने में अकसर देर हो जाती है, इसलिए दीपक को अड्डे पर रेशमा का थोड़ा ज्यादा इंतजार करना पड़ रहा था। जिसके कारण दुकान की गतिविधियों को नजदीक से देखने का उसे भरपूर समय मिल रहा था।

दुकान पर एक महिला एवं एक पुरुष मिलकर सामान बेचते हैं। दोनों में गजब का तालमेल है, यदि पुरुष ग्राहक को सामान दे रहा होता है तो महिला झटपट पैसे का हिसाब-किताब कर देती है, तब तक पुरुष दूसरे ग्राहक को

निपटाने लगता है। शाम के वक्त सभी को ऑफिस से घर जाने की जल्दी रहती है और शायद उसी समय उस दुकान की बिक्री भी सर्वाधिक रहती है। उस समय उनका एनर्जी लेवल देखकर ऐसा लगता है, जैसे उन्होंने सेल्स ऐंड कस्टमर मैनेजमेंट में पी-एच.डी. किया हुआ हो।

दीपक को खुले आसमान के नीचे चलती उस दुकान और उस दंपती की म्युचुअल अंडरस्टैंडिंग को देखना इतना अच्छा लगता कि उसे वक्त का पता ही नहीं चलता।

इधर ठंड भी अपने पूरे शबाब पर आ गई थी। आजकल दुकान के पीछे फुटपाथ की खाली पड़ी जगह में दीपक को कुरसियों पर बैठे आग सेंकते दो प्राणी और दिखाई पड़ रहे थे—एक बुजुर्ग व्यक्ति और दूसरी डेढ़-दो बरस की एक छोटी बच्ची। बुजुर्ग व्यक्ति अपनी कुरसी उस छोटी बच्ची की कुरसी से सटा कर रखता तथा अपना एक हाथ उस बच्ची की कुरसी के हत्थों पर इस प्रकार टिकाए रहता, ताकि वह बच्ची कुरसी से नीचे न गिर पड़े। बीच-बीच में दुकान पर काम करनेवाली वह महिला उस बच्ची के खिसक गए टोपी-मोजे को ठीक कर देती और कभी-कभी बच्ची और उस बुजुर्ग व्यक्ति को खाने के लिए कुछ दे देती।

रोज उस परिवार को देखते-देखते दीपक को उन लोगों से पता नहीं क्यों लगाव सा हो गया था। इस लगाव की वजह से ही उसे इस बात की बहुत फिक्र हो रही थी कि 'ठिठुरती ठंड के इस मौसम में ये लोग इतनी छोटी बच्ची और बुजुर्ग व्यक्ति को खुले आसमान के नीचे क्यों बैठाए रखते हैं?'

एक दिन उसने हिम्मत कर उस दंपती से पूछा, "इतनी ठंड में आप इतनी छोटी बच्ची और इन बाबा को खुले आसमान के नीचे क्यों बैठाते हैं? इन्हें घर में क्यों नहीं रखते?"

इस प्रश्न का बड़ी सहजता से जबाब देते हुए दुकान की स्वामिनी वह महिला फुटपाथ के पीछे खाली पड़ी जमीन पर बने एक प्लास्टिक के तिरपाल की ओर इशारा करते हुए बोली, "भैया, हमारा घर तो यही है। प्लास्टिक का होने के कारण अलाव लगाने के लिए हम उसमें लकड़ी नहीं जला सकते। इसलिए दुकान के पास ही अलाव लगाकर बिटिया और उसके बाबा को यहीं साथ में बिठा लेते हैं। इस तरह दोनों हमारी नजरों के सामने रहते हैं और धंधा भी चलता रहता है। फिर बाबा की जान भी अपनी पोती में ही बसती है, वे उससे एक

मिनट के लिए भी अलग नहीं रह सकते और उनके साथ रहने से मैं भी निश्चिंत होकर दुकान चलाने में अपने पति का हाथ बँटा पाती हूँ।"

दीपक सोचने लगा, "ब्लोअर, हीटर जैसे इलेक्ट्रॉनिक उपकरण हों या फुटपाथ पर खुले में अलाव, असली गरमाहट तो एहसासों से उपजती है। आपस में यदि प्यार दुलार हो तो खुले आसमान के नीचे रिश्तों की गरमाहट ही घर की छत और दीवारें बन जाती है।"

वह इन खयालों में अभी खोया ही था कि पता नहीं कब पीछे से आकर धीरे से उसके कंधे पर हाथ रखते हुए रेशमा बोली, "दीपक, आप किन खयालों में डूबे हुए हैं?"

फुटपाथ पर चलती सुखद फिल्म सरीखी इस जिंदगी को दीपक ने इशारों से रेशमा को दिखाया और दोनों मुसकरा पड़े।

रेशमा, "जनाब, अब अपने घर चलें। माँ-पापा हमारी राह देख रहे होंगे। उनके साथ शाम की चाय पीने का वक्त हो रहा है।"

दोनों एक-दूसरे का हाथ थामे गुनगुनाते हुए घर की ओर चल पड़े।

□

बिटिया का पावर हाउस

शर्माजी की दो संतानें हैं, बेटा अंकित और बिटिया गुनगुन। अंकित गुनगुन से छह-सात वर्ष बड़ा है। सबकुछ हँसी-खुशी चल रहा था। किंतु लगभग पाँच-छह वर्ष पूर्व उनकी पत्नी सरलाजी की तबीयत अचानक से काफी खराब रहने लगी। जाँच कराने पर पता चला कि उन्हें बड़ी आँत का कैंसर है और यह काफी फैल चुका है। काफी इलाज कराने के बाद भी उनकी हालत में कोई सुधार नहीं हुआ। जब उन्हें लगने लगा कि अब वे ज्यादा दिन जीवित नहीं रह पाएँगी तो एक दिन अपने पति से बोलीं, "मैं अब ज्यादा दिन जीवित नहीं रहूँगी। गुनगुन अभी पंद्रह-सोलह वर्ष की है और घर सँभालने के लिहाज से अभी बहुत छोटी है। मैं अपनी आँख बंद होने से पूर्व इस घर की जिम्मेदारी अपनी बहू को देना चाहती हूँ। आप यथाशीघ्र अंकित की शादी करवा दीजिए।"

शर्माजी ने उन्हें बहुत समझाया कि वे जल्द ठीक हो जाएँगी और जैसा वे अपने बारे में सोच रही हैं, वैसा कुछ नहीं होगा। लेकिन शायद सरलाजी को यह आभास हो गया था कि अब उनकी जिंदगी की घड़ियाँ गिनती की रह गई हैं। इसलिए वे शर्माजी से आग्रह करते हुए बोलीं, "ठीक है, यदि अच्छी हो जाऊँगी तो बहू के साथ मेरा बुढ़ापा अच्छे से कट जाएगा। लेकिन अंकित के लिए बहू ढूँढ़ने में कोई बुराई तो है नहीं, मुझे भी इत्मीनान हो जाएगा कि मेरा घर अब सुरक्षित हाथों में है।"

शर्माजी ने सुन रखा था कि व्यक्ति को अपने अंतिम समय का आभास हो ही जाता है। अत: बीमार पत्नी की इच्छा का सम्मान करते हुए शर्माजी ने अंकित के लिए बहू ढूँढ़ना शुरू कर दिया। एक दिन अंकित का मित्र आभीर अपनी बहन अनन्या के साथ उनके घर आया। अंकित ने उन दोनों को अपनी माँ से मिलवाया। जब तक अंकित और आभीर आपस में बातचीत में मशगूल रहे, अनन्या सरलाजी

के पास ही बैठी रही। उसका उनके साथ बातचीत करने का अंदाज, उनके लिए उसकी आँखों में लगाव देखकर शर्माजी ने निश्चय कर लिया कि अब उन्हें अंकित के लिए लड़की ढूँढ़ने की कहीं और जरूरत नहीं है। उन्होंने सरलाजी से अपने मन की बात बताई, जिसे सुनकर सरलाजी के निस्तेज चेहरे पर एक चमक सी आ गई। वे बोलीं, "आपने मेरे मन की बात कह दी।" अंकित को भी इस रिश्ते पर कोई आपत्ति नहीं थी। दोनों परिवारों की रजामंदी से अंकित और अनन्या की शादी तय हो गई। शादी के बाद जब मायके से विदा होकर अनन्या ससुराल आई तो सरलाजी उसके हाथ में गुनगुन का हाथ देते हुए बोलीं, "अनन्या, मैं मुँहदिखाई के रूप में तुम्हें अपनी बेटी सौंप रही हूँ। मेरे जाने के बाद इसका ध्यान रखना।"

अनन्या, "माँजी, आप ऐसा मत बोलिए। आपका स्थान कोई नहीं ले सकता।"

सरलाजी, "बेटा, सबको एक-न-एक दिन जाना ही है, लेकिन यदि तुम मुझे यह वचन दे सको कि मेरे जाने के बाद तुम गुनगुन का ध्यान रखोगी, तो मैं चैन से भगवान् के पास जा सकूँगी।"

अनन्या, "माँजी, आप विश्वास रखिए। आज से गुनगुन मेरी ननद नहीं, मेरी छोटी बहन है।"

बेटे के विवाह के एक-दो महीनों के अंदर ही बीमारी से लड़ते-लड़ते सरलाजी की मृत्यु हो गई। अनन्या यद्यपि उम्र में बहुत बड़ी नहीं थी, लेकिन उसने अपनी सास को दिया हुआ वादा पूरे मन से निभाया। उसने गुनगुन को कभी अपनी ननद नहीं माना, बल्कि अपनी सगी बहन से बढ़कर ही समझा। बड़ी होती गुनगुन का वह वैसे ही ध्यान रखती जैसे एक बड़ी बहन, अपनी छोटी बहन का रखती हो। वह अकसर गुनगुन से कहती, "गुनगुन, बड़ी भाभी, बड़ी बहन और माँ में कोई भेद नहीं होता।"

गुनगुन के विवाह योग्य होने पर अंकित और अनन्या ने उसकी शादी एक अच्छे लड़के से खूब धूमधाम से की। विवाह में कन्यादान की रस्म का जब समय आया, तो शर्माजी ने मंडप में उपस्थित सभी लोगों के सामने पंडितजी से कहा कि "कन्यादान की रस्म मेरे बेटे-बहू ही करेंगे।"

विवाह के पश्चात् विदा होते समय गुनगुन अनन्या से चिपककर ऐसे रो रही थी, जैसे वह अपनी माँ से गले लगकर रो रही हो। ननद-भाभी का ऐसा मधुर संबंध देखकर विदाई की बेला में उपस्थित सभी की आँखें खुशी से नम हो आईं।

गुनगुन शादी के बाद ससुराल चली गई। दूसरे शहर में ससुराल होने के कारण

उसका मायके आना अब कम ही हो पाता था। उसका कमरा अब खाली रहता था, लेकिन उसकी साज-सज्जा, साफ-सफाई अभी भी बिल्कुल वैसी ही थी, जैसे लगता हो कि वह अभी यहीं रह रही हो। अंकित के ऑफिस से लौटने के बाद अनन्या अपने और अंकित के लिए शाम की चाय गुनगुन के कमरे में ही ले आती, ताकि उस कमरे में वीरानगी न पसरी रहे और उसकी छत और दीवारें भी इनसानी साँसों से महकती रहे।

एक दिन पड़ोस में रहनेवाले प्रेम बाबू शर्माजी के घर आए। बातों-बातों में वे शर्माजी से बोले, "आपकी बिटिया गुनगुन अब अपने घर चली गई है, उसका कमरा तो अब खाली ही रहता होगा। आप उसे किराए पर क्यों नहीं दे देते? कुछ पैसा भी आता रहेगा।"

यह बातचीत अभी हो ही रही थी कि उसी समय अनन्या वहाँ चाय देने आई। ननद गुनगुन से मातृतुल्य प्रेम करनेवाली अनन्या को प्रेम बाबू की बात को सुनकर बहुत दुःख हुआ। वह उनसे सम्मानपूर्वक, किंतु दृढ़ता से बोली, "अंकल, क्या शादी के बाद वही घर बेटी का अपना घर नहीं रह जाता, जहाँ उसने चलना सीखा हो, बोलना सीखा हो और जहाँ तिनका-तिनका मिलकर उसके व्यक्तित्व ने साकार रूप लिया हो। अंकल, बेटी पराया धन नहीं, बल्कि ससुराल में मायके का सृजनात्मक विस्तार है। शादी का अर्थ यह नहीं कि उसके विदा होते ही उसके कमरे का इंटीरियर बदल दिया जाए और उसे गेस्ट रूम बना दिया जाए या चंद पैसों के लिए उसे किराए पर दे दिया जाए।"

शर्माजी, "बहू, तुम जो कह रही हो, वह ठीक है। लेकिन व्यावहारिकता से मुँह मोड़ लेना कहाँ की समझदारी है।"

अनन्या, "अंकल, रिश्तों में कैसी व्यावहारिकता? रिश्ते कंपनी की कोई डील नहीं हैं कि जब तक क्लाइंट से व्यापार होता रहे, तब तक उसके साथ मधुर संबंध रखें और फिर संबंधों की इतिश्री कर ली जाए। व्यावहारिकता का तराजू तो अपनी सोच को सही साबित करने का उपक्रम मात्र है।"

प्रेम बाबू, "लेकिन इससे बेटी को क्या मिलेगा?"

अनन्या, "अंकल, मायका हर लड़की का पावर हाउस होता है, जहाँ से उसे अनवरत ऊर्जा मिलती है। वह केवल आश्वस्त होना चाहती है कि उसके मायके में उसका वजूद सुरक्षित है। वह मायके से किसी महँगे उपहार की आकांक्षा नहीं रखती और न ही मायके से विदा होने के बाद बेटियाँ वहाँ से चंद पैसे लेने आती हैं,

बल्कि वे हमें बेशकीमती दुआएँ देने आती हैं, हमारी बलाओं को टालने आती हैं, अपने भाई-भाभी व परिवार को मोहब्बत भरी नजर से देखने आती हैं। ससुराल और गृहस्थी के आकाश में पतंग बन उड़ रही आपकी बिटिया बस चाहती है कि विदा होने के बाद भी उसकी डोर जमीन पर बने उस घरौंदे से जुड़ी रहे, जिसमें बचपन से लेकर युवावस्था तक के उसके अनेक सपने अभी भी तैर रहे हैं। इसलिए हमने गुनगुन का कमरा जैसा था, वैसा ही बनाए रखा है, यह घर कल भी उनका था और हमेशा उनका रहेगा।"

प्रेम बाबू, "लेकिन कमरे से क्या फर्क पड़ता है? मायके आने पर उसकी इज्जत तो होती ही है।"

अनन्या, "अंकल, यही सोच का अंतर है। बात इज्जत की नहीं, बल्कि प्यार और अपनेपन की है। लड़की के मायके से ससुराल के लिए विदा होते ही उसका अपने पहले घर पर से स्वाभाविक अधिकार खत्म सा हो जाता है। इसीलिए विवाह के पहले प्रतिदिन स्कूल-कॉलेज से लौटकर अपना स्कूल बैग लेकर सीधे अपने कमरे में घुसने वाली वही लड़की जब विवाह के बाद ससुराल से मायके आती है, तो अपने उसी कमरे में अपना सूटकेस ले जाने में भी हिचकिचाती है। क्योंकि दीवारें और छत तो वे ही रहती हैं, किंतु वहाँ का मंजर अब बदल चुका होता है। लेकिन उसी घर का बेटा, यदि दूसरे शहर में अपने बीबी-बच्चों के साथ रह रहा हो, तो भी यह मानते हुए कि यह उसका 'अपना घर' है, उसका कमरा किसी और को नहीं दिया जाता। आखिर यह भेदभाव बेटी के साथ ही क्यों, जो कुछ दिन पहले तक घर की रौनक होती थी। यदि संभव हो, तो बिटिया के लिए भी उस घर में वह कोना अवश्य सुरक्षित रखा जाना चाहिए, जहाँ नन्ही परी के रूप में खिलखिलाने से लेकर एक नई दुनिया बसाने वाली एक नारी बनने तक उसने अपनी कहानी अपने माँ-बाप, भाई-बहन के साथ मिलकर लिखी हो।"

हर लड़की की पीड़ा को स्वर देती हुई अनन्या की दर्द में डूबी बात को सुनकर शर्माजी को एकबारगी करंट सा लगा। उन्हें पिछले दिनों अपने घर में घटित घटनाक्रम की याद आ गई, जब उनकी बेटी अमोली अपने मायके आई थी। वे बोले, "बहू, तुमने मेरी आँखें खोल दीं। परसों मेरी बिटिया अमोली ससुराल से मायके आई थी। यहाँ आने के बाद उसका सामान उसके अपने ही घर के ड्राइंगरूम में काफी देर ऐसे पड़ा रहा, जैसे वह अमोली का नहीं, बल्कि किसी अतिथि का सामान हो। 'बेटा अपना, बेटी पराई' जैसी बात को बचपन से सुनते आने से हमारी

मनोभूमि वैसी ही बन जाती है और इसी भाव ने अमोली को कब चुपके से घर की सदस्य से अपने ही घर में अतिथि बना दिया, उस मासूम को पता ही नहीं चला। पता नहीं क्यों, मैंने उसका कमरा किसी और को क्यों दे दिया? यदि गुनगुन की तरह अमोली का कमरा भी उसके नाम सुरक्षित रहता तो वह भी पहले की भाँति सीधे अपने कमरे में जाती, जैसे कॉलेज ट्रिप से आने के बाद वह सीधे अपने कमरे में अपनी दुनिया में चली जाती थी।"

यह बोलते हुए उनकी आँखें भर आईं और गला अवरुद्ध हो गया। वे रूमाल से अपना चश्मा साफ करने लगे। अनन्या तुरंत उनके लिए पानी का गिलास ले आई। पानी पीकर गला साफ करते हुए शर्माजी बोले, "बहू उम्र में इतनी छोटी होने पर भी तुमने मुझे जिंदगी का एक गहरा पाठ पढ़ा दिया। मैं तुम्हारा शुक्रिया कैसे अदा करूँ?"

अनन्या, "अंकल, यदि आप मुझे आशीर्वाद स्वरूप कुछ देना चाहते हैं तो आप घर जाकर अमोली से कहिए, 'तू अपने कमरे को वैसे ही सजा, जैसे तू पहले किया करती थी। मैं आज बचपन वाली अमोली से फिर से मिलना चाहता हूँ।' यही मेरे लिए आपका उपहार होगा।"

प्रेम बाबू बोले, "बेटा, जिस घर में तुम्हारे जैसी बहू हो, वहाँ बेटी या ननद को ही नहीं, बल्कि ईश्वर को भी रहना पसंद होगा और आज से अमोली का पावर हाउस भी काम करने लगा है, वह उसे निरंतर ऊर्जा देता रहेगा।"

प्रेम बाबू की बात को सुनकर शर्माजी और अनन्या मुसकरा पड़े। खुशियों के इंद्रधनुष की रुपहली आभा शर्माजी के घर से प्रेम बाबू के घर तक फैल चुकी थी।

□

माताजी को हँसाने की ड्यूटी

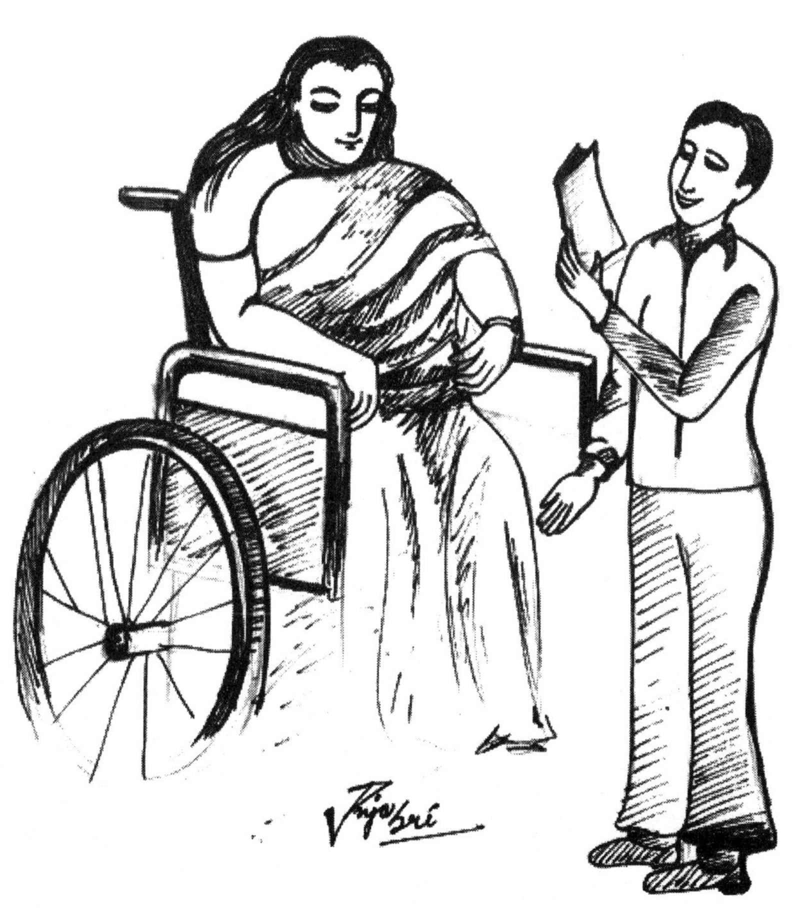

देवेश के पड़ोसी शर्माजी की तबीयत बीती रात को अचानक ज्यादा खराब हो गई। उन्हें जिला अस्पताल में भरती कराया गया था। उनका कुशल-क्षेम जानकर, जब वह हॉस्पिटल से लौट रहा था तो वहीं हॉस्पिटल की सीढ़ियों पर उसे अपने पुराने ऑफिस का अर्दली अनिल मिल गया।

देवेश, "अनिल! तुम यहाँ कैसे? सब ठीक तो है न?"

अनिल, "सब ठीक है, सर! बड़े साहब की माताजी को पिछले महीने लकवा मार गया था। वे इसी हॉस्पिटल में भरती हैं। साहब ने मेरी ड्यूटी यहीं लगाई हुई है। मैं आजकल उनकी सेवा कर पुण्य कमा रहा हूँ।"

देवेश, "बड़े साहब, वही अपने गुप्ताजी न।"

अनिल, "जी सर, गुप्ताजी।"

देवेश, "ओह! यह तो बड़े दुःख की बात है। बुढ़ापे में माताजी को कितना कष्ट उठाना पड़ रहा है? क्या गुप्ता सर भी हॉस्पिटल में ही हैं?"

अनिल, "नहीं सर, वे कभी-कभी यहाँ आ जाते हैं। वैसे हम उनको फोन पर माताजी का समाचार बताते रहते हैं।"

देवेश ने आश्चर्य से पूछा, "तो माताजी के साथ हॉस्पिटल में कौन रहता है?"

अनिल, "सर, मैं और ऑफिस के कुछ अन्य स्टाफ माताजी के साथ हॉस्पिटल में रहते हैं।"

देवेश अपने उस पुराने ऑफिस में काफी समय तैनात रहा था। उसे पता था कि बड़े साहब अर्थात् गुप्ताजी तीन भाई हैं और उनमें से दो भाई विदेश में रहते हैं। बड़े साहब गुप्ताजी सरकारी महकमे के बहुत बड़े अफसर हैं और उनकी पत्नी भी डॉक्टर हैं। गुप्ताजी की माताजी के तीनों बेटे काफी पैसे वाले हैं।

देवेश को विचारों में डूबा देखकर अनिल ने पूछा, "क्या हुआ सर?"

देवेश, "कुछ नहीं। क्या हॉस्पिटल में परिवार का कोई सदस्य माताजी के साथ नहीं रहता है?"

साहब, "नहीं सर, बड़े साहब लोगों के पास इतना काम है कि वे हॉस्पिटल में कैसे रहेंगे? माताजी की सेवा का जिम्मा तीनों भाइयों ने आपस में बाँट लिया है। जो दो भाई विदेश में रहते हैं, वे दवा और इलाज में होनेवाले खर्च के लिए पैसा भेजते हैं और माताजी को हॉस्पिटल में कोई दिक्कत न हो, इसकी व्यवस्था बड़े साहब ने अपने जिम्मे ली हुई है। उन्होंने हम ऑफिस स्टाफ की शिफ्टवार ड्यूटी यहाँ लगा रखी है।"

देवेश, "तुम्हारी यहाँ क्या ड्यूटी है, अनिल?"

अनिल, "साहब मेरी ड्यूटी माताजी को हँसाने की है। डॉक्टर ने बताया है कि माताजी जितना खुश रहेंगी और हँसेंगी उनकी बीमारी उतनी ही जल्द ठीक होगी। सर मुझे माताजी की सेवा करना बहुत अच्छा लगता है। मेरी माँ तो मेरे बचपन में ही गुजर गई थीं। इसीलिए मैं अपनी माँ की सेवा नहीं कर पाया। अब इन माताजी के रूप में मुझे माँ की सेवा करने का मौका मिला है।" वह खुशी-खुशी एक ही साँस में सबकुछ बता गया।

देवेश सोचने लगा कि जिसके तीन बेटे हों, उसे हँसने के लिए दूसरों के बेटे का सहारा लेना पड़ रहा है। क्या गुप्ताजी की माताजी ने कभी सोचा होगा कि जिन बेटों की एक किलकारी के लिए वे अपनी जान न्योछावर कर देने को तत्पर रहती थीं, आगे चलकर उन्हीं बेटों के पास अपनी माँ के लिए वक्त की इतनी कमी हो जाएगी कि उन्हें हँसाने के लिए उन्हें एक स्टाफ की ड्यूटी लगानी पड़ेगी।

वह अभी विचारों में खोया था कि अनिल बोला, "सर मैं चलता हूँ। माताजी मेरी राह देख रही होंगी।"

मेरे कदम भी माताजी को हँसते देखने के लिए अनिल के पीछे-पीछे मुड़ गए। माताजी सच में अनिल की राह देख रही थीं। उसे देखते ही उनके होंठों पर मुसकान जो खिल आई थी।

□

गुड गर्ल

कई पीढ़ियों के बाद माहेश्वरी खानदान में रवि और कंचनजी की सबसे छोटी संतान के रूप में बेटी का जन्म हुआ था। वे दोनों फूले नहीं समा रहे थे, क्योंकि रवि और कंचनजी की बहुत इच्छा थी कि वे भी कन्यादान करें, क्योंकि पिछले कई पीढ़ियों से उनका परिवार इस सुख से वंचित था। आज ईश्वर के आशीर्वाद से दो बेटों के जन्म के लगभग सात-आठ वर्ष के बाद फिर से उनके आँगन में किलकारी गूँजी थी और वह भी बिटिया की।

प्यार से बिटिया का नाम तान्या रखा गया। तान्या अर्थात् जो परिवार को जोड़कर रखे। अव्वल तो कई पीढ़ियों के बाद घर में लक्ष्मी का आगमन हुआ था, दूसरे तान्या की बोली एवं व्यवहार में इतना मिठास एवं अपनापन घुला हुआ था कि वह घर के सभी सदस्यों को प्राणों से भी अधिक प्रिय थी। सभी उसे हाथोहाथ उठाए रखते। यदि घर में कभी उसके दोनों बड़े भाई झूठ-मूठ ही सही, जरा सा उसे आँख भी दिखा दें या चिढ़ाएँ-सताएँ तो फिर पूछिए मत! उसके दादा-दादी और खासकर उसके प्यारे पापा रण क्षेत्र में तान्या के साथ तुरंत खड़े हो जाते। दोनों भाई उसकी चोटी खींचकर उसे प्यार से चिढ़ाते, "जब से तू आई है, हमें तो कोई पूछने वाला ही नहीं है।"

जिस प्रकार एक नवजात खग शिशु अपने घोंसले में निर्भीक भाव से चहचहाता रहता है, उसे यह तनिक भी भय नहीं होता कि उसके कलरव को सुनकर कोई दुष्ट शिकारी पक्षी उसे अपना ग्रास बना लेगा और वह अपने माता-पिता के सुरक्षित संसार में एक डाली से दूसरी डाली पर निश्चिंत होकर उड़ता और फुदकता रहता है। उसी प्रकार तान्या भी अपने नवांकुर पंख फैलाए पूरे घर में ही नहीं, अड़ोस-पड़ोस में भी तितली की भाँति अपनी स्नेहिल मुसकान बिखेरती उड़ती रहती थी। सबको सम्मान देना और हरेक जरूरतमंद की मदद करना उसका स्वभाव था।

समय के पंखों पर सवार तान्या धीरे-धीरे किशोरावस्था के शिखर पर पहुँच गई, लेकिन उसका स्वभाव अभी भी वैसा ही था—निश्छल, सहज और सरल। किसी अनजान से भी वह इतने प्यार से मिलती कि कुछ ही क्षणों में वह उनके दिलों में उतर जाती। भोली-भाली तान्या को किसी भी व्यक्ति में कोई बुराई नहीं दिखाई देती थी। पूरे मोहल्ले में 'गुड गर्ल' के नाम से मशहूर सब लोग उसकी तारीफ करते नहीं थकते थे और अपनी बेटियों को भी उसी की तरह 'गुड गर्ल' बनाना चाहते थे।

यद्यपि तान्या की माँ कंचनजी काफी प्रगतिशील महिला थीं, लेकिन थीं तो वे भी अन्य माँओं की तरह एक आम माँ ही, जिनका हृदय अपने बच्चों के लिए सदा धड़कता रहता था। उन्हें पता था कि लड़कियों के लिए घर की चहारदीवारी के बाहर की दुनिया घर के सुरक्षित वातावरण की दुनिया से बिल्कुल अलग होती है। बड़ी हो रही तान्या के लिए वे अकसर चिंतित हो उठतीं कि उसे भी इस निर्मम समाज, जिसमें स्त्री को दोयम दरजे की नागरिकता प्राप्त है, के बेमानी और विभेदकारी मूल्यों का सामना करना पड़ेगा।

एक दिन मौका निकालकर बहुत प्यार से बड़ी होती तान्या को मातृसुलभ वात्सल्य भाव से समझाते हुए वे बोलीं, "बेटा, यद्यपि यह समाज लड़की को सिर्फ 'गुड गर्ल' के रूप में देखना चाहता है, लेकिन अकसर मौका मिलने पर उन्हें गुड गर्ल में सिर्फ केवल एक गर्ल ही दिखाई देती है, जो अनुचित-को-अनुचित जानते हुए भी उसका प्रतिवाद न करे और खुश रहने का मुखौटा ओढ़े रहे। यह समाज हम स्त्रियों में ऐसे ही फीचर्स ढूँढ़ता है।"

तान्या, "ओह माई गॉड! इतने सारे अनरियलिस्टिक फीचर्स।"

कंचनजी, "हाँ, पर एक बात और, आज का समय पहले की तरह घर में बंद रहने का भी नहीं है। तुम्हें भी घर के बाहर अनेक जगह जाना पड़ेगा, लेकिन अपने आँख-कान सदैव खुले रखना।"

तान्या आश्चर्य से बोली, "क्यों?"

कंचनजी, "बेटा, यह समाज लड़कियों को देवी की तरह पूजता तो है, पर मौका पाने पर हाड़-मांस की इन जीती-जागती देवियों की भावनाओं और इच्छाओं अथवा अनिच्छाओं को कुचलने से तनिक भी गुरेज नहीं करता।"

समाज के इस निर्मम चेहरे से अनजान तान्या ने कंचनजी से पूछा, "माँ, लेकिन ऐसा क्यों! मैं भी तो भैया जैसी ही हूँ। मैं भी एक इनसान हूँ, फिर मैं अलग कैसे हुई?"

कंचन, "बेटा, पुरुष के विपरीत स्त्री को एक ही जीवन चक्र में कई जीवन जीना पड़ता है। पहले माँ-बाप के नीड़रूपी घर में पूर्णतया निरापद एवं सुरक्षित जीवन और दूसरा घर के बाहर भेदती हुई हजार नजरों वाले समाज के पावरफुल स्कैनर से गुजरने की चुभती हुई पीड़ा से प्रतिदिन दो-चार होते हुए सीता की तरह अग्नि परीक्षा देने को विवश। बेटा, एक बात और, विवाह के बाद अकसर यह स्कैनर एक नया स्वरूप धारण कर लेता है, जिसकी फ्रीक्वेंसी कुछ अलग ही होती है।"

तान्या, "लेकिन हम लड़कियाँ ही एक साथ इतने जीवन क्यों जिएँ।"

कंचनजी, "बेटा, निश्चित तौर पर यह गलत है और हमें इसका पुरजोर विरोध जरूर करना चाहिए। लेकिन स्त्री के प्रति यह समाज कभी भी सहज या सामान्य नहीं रहा है, या तो हमें रहस्य अथवा अविश्वास से देखा जाता है या श्रद्धा से, लेकिन प्रेम से कभी नहीं। क्योंकि हम स्त्रियों की जेंडर प्रॉपर्टीज समाज को हमेशा से भयाक्रांत करती रही है। सभी को अपने लिए एक शीलवती, सच्चरित्र और समर्पित पत्नी चाहिए, जो हर कीमत पर पति-परायण बनी रहे, लेकिन दूसरे की पत्नी में अधिकांश लोगों को एक इनसान नहीं, बल्कि एक वस्तु ही दिखाई पड़ती है।"

तान्या, "लेकिन माँ, यह तो ठीक बात नहीं, ऐसा क्यों?"

कंचन, "बेटा, हम स्त्रियों के मामले में पुरुष हमेशा से इस गुमान में जीता आया है कि यदि कोई स्त्री किसी पुरुष के साथ जरा सा भी हँस-बोल ले तो कुछ न होते हुए भी वह इसे उसके प्रेम और शारीरिक समर्पण की सहमति मान लेता है।"

तान्या, "तो क्या मैं किसी के साथ हँस-बोल भी नहीं सकती?"

कंचन, "नहीं बेटा, मेरे कहने का अभिप्राय यह बिल्कुल भी नहीं है। मैं तो तुम्हें सिर्फ आगाह करना चाहती हूँ कि समाज के ठेकेदारों ने हमारे चारों ओर नियम-कानूनों का एक अजीब सा जाल फैला रखा है, जिसमें काजल का गहरा लेप लगा हुआ है। लेकिन हमें भी अपने आप को कभी कमजोर या कमतर नहीं आँकना चाहिए, वरन् उन्हें यह एहसास करा देना चाहिए कि हम न केवल इस जाल को काट फेंकने का सामर्थ्य रखते हैं, बल्कि हमारे इर्द-गिर्द फैलाए गए, इसी काजल को अपने व्यक्तित्व की खूबसूरती का माध्यम बना उसे आँखों में सजा लेना जानते हैं, ताकि हम सिर उठाकर उन्मुक्त नील-लोहित गगन में उड़ सकें और अपनी खुली आँखों से अपने सपनों को पूरा होते देख सकें।"

तान्या, "माँ, यह हुई न झाँसी की रानी लक्ष्मी बाई वाली बात।"

अपनी फूल सी बिटिया को छाती से लगाते हुए कंचनजी बोलीं, "बेटा, मैं तुझे

कतई डरा नहीं रही थी। बस समाज की सोच से तुझे परिचित करा रही थी, ताकि तुम परिस्थितियों का मुकाबला कर सको। तुम वही करना, जो तुम्हारा दिल गवारा करे। तुम्हारे मम्मी पापा-तुम्हारे साथ हैं और हमेशा साथ रहेंगे।"

समय अपनी गति से पंख लगाकर उड़ता रहा और देखते-देखते एक दिन छोटी सी तान्या विवाह योग्य हो गई। संयोग से रवि और कंचनजी को उसके लिए एक सुयोग्य वर ढूँढ़ने में ज्यादा मेहनत नहीं करनी पड़ी। एक पारिवारिक शादी समारोह में दिनकर का परिवार भी आया हुआ था। तान्या की निश्छल हँसी और मासूम व्यवहार पर मोहित होकर दिनकर उसे वहीं अपना दिल दे बैठा। शादी की रस्मों के दौरान जब कभी तान्या और दिनकर की नजरें आपस में एक-दूसरे से मिलतीं तो तान्या दिनकर को अपनी ओर निर्निमेष देखता हुआ पाती। उसकी आँखों में उसे एक अबोले, पर पवित्र प्रस्ताव की झलक दिखाई पड़ रही थी। उसने भी मन-ही-मन दिनकर को अपने दिल में जगह दे दी।

दिनकर की माँ को छोड़कर और किसी को इस रिश्ते पर कोई आपत्ति नहीं थी। दरअसल दिनकर की माँ शांताजी अपने दूर के रिश्ते की एक लड़की को अपनी बहू बनाना चाहती थीं, जो कनाडा में रह रही थी और पैसे से काफी संपन्न परिवार की थी, दूसरे उन्हें तान्या का सब के साथ इतना खुलकर बातचीत करना पसंद नहीं आ रहा था। लेकिन बेटे के प्यार के आगे उन्हें झुकना ही पड़ा और कुछ ही समय के अंदर तान्या और दिनकर विवाह के पवित्र बंधन में आबद्ध हो गए।

अपने घर-आँगन की मैना एक नई जगह नीड़ बसाने पहुँच गई थी। निश्छल एवं बालसुलभ व्यवहार वाली तान्या ससुराल में भी सब के साथ खूब जी खोलकर बातें करती, हँसती और सबको हँसाती रहती।

उसका पति दिनकर बहुत अच्छा इनसान था। उसने तान्या को कभी यह महसूस नहीं होने दिया कि वह मायके में नहीं ससुराल में है। उसने तान्या को अपने ढंग से अपनी जिंदगी जीने की पूरी आजादी दी। यदि उसकी माँ शांताजी कभी तान्या को टोकतीं तो वह उन्हें बड़े प्यार से समझाता, "माँ! तुम अपनी बहू पर भरोसा रखो। वह इस घर का मान-सम्मान कभी कम नहीं होने देगी। वह एक परफेक्ट 'गुड गर्ल' ही नहीं, एक परफेक्ट बहू भी है।"

लेकिन कुछ ही दिनों में तान्या को यह एहसास हो गया कि उसके ससुराल में दो लोगों का ही सिक्का चलता है, पहला उसकी सास और दूसरा उसके ननदोई राजीव का। दरअसल उसके ननदोई राजीव काफी अमीर थे। जब तान्या के ससुर

का बिजनेस डाँवाँडोल चल रहा था तो राजीव ने रुपए-पैसे से उनकी काफी मदद की थी। इसलिए राजीव का घर में दबदबा था और उसकी सास तो अपने दामाद को जरूरत से ज्यादा सिर आँखों पर बिठाए रखती थीं। राजीव का ससुराल में अकसर आना होता रहता था। अपनी निश्छल प्रकृति के कारण तान्या राजीव के घर आने पर उसका यथोचित् स्वागत-सत्कार करती। जीजा-सलहज का रिश्ता होने के कारण उनसे खूब बातचीत भी करती थी। लेकिन धीरे-धीरे तान्या ने महसूस किया कि राजीव उसके जरूरत से ज्यादा नजदीक आने की कोशिश कर रहा है। उसके सहज, निश्छल व्यवहार को वह कुछ और ही समझ रहा है। पहले तो उसने संकेतों से उसे समझाने की कोशिश की, लेकिन जब उसकी बदतमीजियाँ मर्यादा की देहरी पार करने लगीं तो उसने एक दिन दिनकर को हिम्मत करके सबकुछ बता दिया।

दिनकर यह सुनकर आपे से बाहर हो गया। वह राजीव को उसी समय फोन पर ही खरी-खोटी सुनाने वाला था, लेकिन तान्या ने उसे उस समय रोक दिया।

वह बोली, "दिनकर, यह उचित समय नहीं है। अभी हमारे पास अपनी बात को सही साबित करने का कोई प्रमाण भी नहीं है। माँ इसे एक सिरे से नकार कर मुझे ही झूठा बना देंगी। तुम्हें मुझ पर विश्वास है, यह मेरे लिए बहुत है। मुझ पर भरोसा रखो, मैं सब ठीक कर दूँगी।"

दिनकर गुस्से में मुट्ठियाँ भींचकर तकिए पर अपना गुस्सा निकालते हुए बोला, "मैं जीजाजी को छोड़ूँगा नहीं, उन्हें सबक सिखाकर रहूँगा।"

कुछ दिनों बाद राजीव पुन: उसके घर आया और उस रात वहीं रुक गया। संयोग से दिनकर को उसी दिन बिजनेस के काम से शहर से बाहर जाना पड़ गया। यद्यपि राजीव के घर में मौजूद होने की वजह से उसे तान्या को छोड़कर बाहर जाना कतई अच्छा नहीं लग रहा था, लेकिन बिजनेस की मजबूरियों की वजह से उसे जाना ही पड़ा। परंतु जाते-जाते वह तान्या से बोला, "तुम अपना ध्यान रखना और कोई भी परेशानी वाली बात हो तो मुझे तुरंत बताना।"

तान्या, "आप निश्चिंत रहिए। आपका प्यार और सपोर्ट मेरे लिए बहुत है।"

रात को डिनर करने के बाद सब लोग अपने-अपने कमरों में चले गए। तान्या भी अपने कमरे का दरवाजा बंद कर बिस्तर पर चली गई। दिनकर के बिना खाली बिस्तर उसे बिल्कुल भी अच्छा नहीं लगता था, खासकर रात में उससे अलग रहना उसे बहुत खलता था। जब दिनकर सोते समय उसके बालों में उँगलियाँ फिराता, तो उसकी दिन भर की सारी थकान छू-मंतर हो जाती। उसकी यादों में खोई-खोई

कब आँख लग गई उसे पता ही नहीं चला। अचानक उसे दरवाजे पर खटखट की आवाज सुनाई पड़ी। पहले तो उसे लगा कि यह उसका वहम है, पर जब खटखट की आवाज कई बार उसके कानों में पड़ी तो उसे थोड़ा डर लगने लगा कि इतनी रात को उसके कमरे का दरवाजा कौन खटखटा सकता है? कहीं राजीव तो नहीं। फिर यह सोचकर कि हो सकता है कि माँ–बाबूजी में से किसी की तबीयत खराब हो गई होगी, उसने दरवाजा खोल दिया तो देखा सामने राजीव खड़ा मुसकरा रहा है।

तान्या, "अरे जीजाजी! आप इतनी रात को इस वक्त यहाँ! क्या बात है?"

राजीव, "तान्या, मैं बहुत दिनों से तुमसे एक बात कहना चाहता हूँ।"

प्रकृति प्रदत स्त्री सुलभ गुणों के कारण राजीव का हाव–भाव उसके दिल को कुछ गलत होने की चेतावनी दे रहा था। उसकी बातें उसे इस निविड़ रात के अँधेरे में एक अज्ञात भय का बोध भी करा रही थीं। लेकिन तभी उसे अपनी माँ की दी हुई वह सीख याद आ गई कि 'हमें कभी भी हिम्मत नहीं हारनी चाहिए, बल्कि पूरी ताकत से कठिन–से–कठिन परिस्थितियों का पुरजोर मुकाबला करते हुए नील–लोहित गगन में सिर ऊँचा उठाकर उड़ने का हौसला रखना चाहिए।'

उसने हिम्मत करके राजीव से पूछा, "बताइए, क्या बात है?"

राजीव, "तान्या, तुम मुझे बहुत अच्छी लगती हो। आई लव यू। आई कैन डू एनीथिंग फॉर यू।"

तान्या, "यह आप क्या अनाप–शनाप बके जा रहे हैं? अपने कमरे में जाइए।"

राजीव, "तान्या, आज चाहे जो कुछ भी हो जाए, मैं तुम्हें अपना बनाकर ही रहूँगा।" इतना कहते हुए वह तान्या का हाथ पकड़कर उसे बेडरूम में अंदर ले जाने लगा कि तान्या ने एक जोरदार थप्पड़ राजीव के मुँह पर मारा और चिल्ला पड़ी, "मिस्टर राजीव! आई एम ए 'गुड गर्ल' बट नॉट ए म्यूट ऐंड डम्ब गर्ल। शर्म नहीं आती, आपको ऐसी हरकत करते हुए।"

तान्या के इस चंडी रूप की कल्पना राजीव ने सपने में भी नहीं की थी। वह यह देखकर सहम उठा, परंतु स्थिति को सँभालने की गरज से वह ढिठाई से बोला, "बी कूल तान्या, मैं तो बस मजाक कर रहा था।"

तान्या, "जीजाजी, लड़कियाँ कोई मजाक की चीज नहीं होती हैं कि अपना टाइम पास करने के लिए उनसे मन बहला लिया। आपके लिए बेशक यह एक मजाक होगा, किंतु मेरे लिए यह इतनी छोटी बात नहीं है। मैं अभी माँ–पापा को बुलाती हूँ।"

फिर अपनी पूरी ताकत लगाकर उसने अपने सास-ससुर को आवाज दी, "माँ-पापा! इधर आइए।"

रात की नीरवता में उसकी पुकार पूरे घर में गूँज गई। उसकी चीख सुनकर उसके सास-ससुर फौरन वहाँ आ गए।

रात्रि के इस प्रहर में अपने कमरे के दरवाजे पर अमर्ष में भरी अपनी बहू तान्या और वहीं पास में नजरें चुराते अपने दामाद राजीव को देखकर वे दोनों भौंचक्के रह गए। कुछ अनहोनी घटने की बात तो उन दोनों को समझ में आ रही थी, लेकिन वास्तव में क्या हुआ, यह अभी भी पहेली बनी हुई थी।

तभी राजीव बेशर्मी से बोला, "माँ! तान्या ने मुझे अपने कमरे में बुलाया था।"

तान्या, "नहीं, माँ! यह झूठ है। मैं तो अपने कमरे में सो रही थी कि अचानक कुंडी खड़कने पर दरवाजा खोला तो जीजाजी सामने खड़े थे, और मुझे बेडरूम में जबरन अंदर ले जा रहे थे।"

राजीव, "नहीं, माँ! यह झूठी है, इसने ही…।"

अभी वह अपना वाक्य भी पूरा नहीं कर पाया था कि अकसर चुप खामोश वाले तान्या के ससुर प्रवीणजी की आवाज गूँज उठी, "राजीव! अब खामोश हो जाओ, तुमने क्या हम लोगों को मूर्ख समझ रखा है? माना हम तुम्हारे एहसानों के नीचे दबे हैं, लेकिन तुम्हारी नस-नस से वाकिफ हैं। तुमने आज जैसी हरकत की है, उसके लिए मैं तुम्हें कभी माफ नहीं करूँगा। तुमने मेरी सीता समान बहू पर बुरी नजर डाली और अब उलटा उस पर लाँछन भी लगा रहे हो।"

इतना कहकर तान्या के सिर पर हाथ फेरते हुए बोले, "बेटा, तेरा बाप अभी जिंदा है। मैं तुझे कुछ नहीं होने दूँगा। मैं अभी पुलिस को बुलाकर इसको जेल भिजवाता हूँ।"

अपने पिता समान ससुर का स्नेहिल स्पर्श पाकर तान्या उनसे चिपटकर रो पड़ी, जैसे उसके अपने बाबूजी उसे फिर से मिल गए हों। फिर थोड़ा संयत होकर बोली, "पापा! आपका आशीर्वाद और विश्वास मेरे लिए सबकुछ है, लेकिन पुलिस को मत बुलाइए। जीजाजी को सुधरने का एक मौका हमें देना चाहिए और फिर दीदी और बच्चों के बारे में सोचिए, इनके जेल जाने पर उन्हें कितना बुरा लगेगा।"

दिनकर के पिता प्रवीणजी कुछ देर सोचते रहे, फिर बोले, "बेटा, तुम्हारे माँ-बाप ने तुम्हारा नाम तान्या कुछ सोच-समझकर ही रखा होगा। ये तुम जैसी बेटियाँ ही हैं, जो अपना मान-सम्मान कायम रखते हुए परिवार को सदा जोड़े रखती हैं।

जब तक तुम्हारी जैसी बहू–बेटियाँ हमारे समाज में हैं, हमारी महान् संस्कृति जीवित रहेगी।"

फिर अपनी पत्नी से बोले, "शांताजी, देखिए! ऐसी होती हैं, हमारे देश की 'गुड गर्ल', जो न अपना सम्मान खोए, न घर की बात को देहरी से बाहर जाने दे।"

शांताजी के अंदर भी आज पहली बार तान्या के लिए कुछ स्पंदित हो रहा था। पति से मुखातिब होते हुए दामाद राजीव के विरुद्ध वे पहली बार बोलीं, "आप ठीक कहते हैं। घर की इज्जत बहू–बेटियों से ही बनती है। पता नहीं एक स्त्री होने के बावजूद मेरी आँखें यह सब क्यों नहीं देख पाईं।" फिर तान्या से बोली, "बेटा, मुझे माफ कर देना।"

प्रवीणजी, "राजीव, तुम अब यहाँ से चले जाओ। मैं तुम्हारा पाई–पाई चुका दूँगा, किंतु अपने घर की इज्जत पर कभी हलकी सी भी आँच नहीं आने दूँगा। तान्या हमारी बहू ही नहीं, हमारी बेटी भी है और सबसे बढ़कर इस घर का सम्मान है।"

यह सब होते–होते रात का अंतिम पहर समाप्त होने को आ गया।

निशा तेजी से अपना तम समेटकर विदा होने लगी और इधर नवोन्मेषी उषा अपनी नवल गुलाबी लालिमा लिये तान्या की निर्मल प्रभा के साथ मिलकर उसके घर--आँगन को आलोकित करने के लिए त्वरा से बढ़ी आ रही थी। आखिर क्षितिज की कोख से जन्म लेने वाली उषा को भी उसी की तरह एक अच्छी सहेली की जरूरत थी, जो उसी की तरह बलखाती, इठलाती; किंतु उसी के समान पवित्र 'गुड गर्ल' भी हो।

सास–ससुर का स्नेहिल आशीर्वाद पाकर आज तान्या को उसका ससुराल उसे सचमुच अपना घर लग रहा था, बिल्कुल अपना, जिसके द्वार पर एक सुहानी भोर मीठी दस्तक दे रही थी।

□

परिबोध

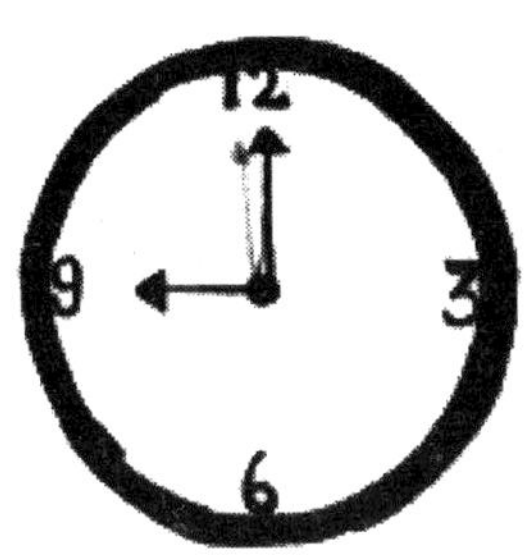

मोबाइल फोन की रिंगटोन लगातार बज रही थी। जब दो-तीन बार बजने के बाद भी सक्षम ने फोन नहीं उठाया तो उसकी पत्नी माही ने पूछा, "क्या हुआ? फोन क्यों नहीं उठा रहे हैं?"

सक्षम, "अरे! कुछ नहीं। दिन भर कॉल उठाते-उठाते थक गया हूँ।"

माही, "क्या किसी मोबाइल कंपनी वाले का नंबर है?"

सक्षम, "अरे नहीं! कंपनी का नहीं है।"

माही, "तो क्या कोई अननोन नंबर है।"

सक्षम, "नहीं, गौरी के पापा मंगलू का फोन है।"

माही, "कौन गौरी? वही जो अपने यहाँ काम करती थी।"

सक्षम, "हाँ, उसी के पापा का नंबर है।"

माही, "अरे! तो उठा लीजिए। वह लगातार फोन कर रहा है। हो सकता है कि वह कोई परेशानी में हो।"

सक्षम थोड़ा अनमने भाव से बोला, "अब इतनी रात को मैं क्या फोन उठाऊँ। 9:00 बज चुके हैं। मैं थक गया हूँ।"

माही, "नौ ही तो बजे हैं? ऑफिस का फोन होता तो क्या तब भी आप फोन नहीं उठाते?"

सक्षम, "अब तुम भी न! हर चीज में लॉजिक देती रहती हो।"

माही, "अच्छा ठीक है। दीजिए, मैं ही बात कर लेती हूँ। कोई इतनी बार फोन कर रहा है तो जरूर कोई-न-कोई बात होगी।"

सक्षम ने रूखाई से जवाब दिया, "हाँ, कोई-न-कोई काम होगा, तभी उसे मेरी याद आई होगी। इसीलिए वह लगातार फोन कर रहा है।"

माही, "ठीक है, कोई बात नहीं। यदि कोई ऐसा-वैसा काम बताए तो भले

मना कर दीजिएगा। लेकिन एक बार बात तो कर लीजिए। हो सकता है कि वह किसी परेशानी में हो।"

तब तक गौरी के पिता मंगलू की दोबारा कॉल आ गई।

सक्षम की आवाज में खीझ साफ झलक रही थी, "मंगलू, बताओ! क्या बात है? इतनी रात को क्यों फोन किया?"

उसे लगा कि अभी वह कोई अपनी परेशानी बताएगा।

मंगलू, "पाँय लागी साहब! दो हफ्ता पहले घर में भैंस के बच्चा हुए रहा। बच्चा होये के बाद पहली बार उसके दूध का खोया बना तो घरवाली ने कहा कि ई खोया सबसे पहले साहब के यहाँ पहुँचाओ। साहब हम लोग के लिए भगवान् हैं। पहला भोग उन्हीं के लगी।"

भक्ति और श्रद्धा में डूबी मंगलू की बात को सुनकर सक्षम थोड़ा अचकचा गया। कहाँ वह यह सोच रहा था कि मंगलू जरूर अपने किसी काम से उसे लगातार फोन कर रहा है, किंतु यहाँ तो वह उसे भगवान् मानकर भोग लगाने के लिए उसके घर आने की अनुमति माँग रहा है।

इधर मंगलू पूरी रौ में अपनी बात बताए जा रहा था, "साहब, सच में यदि आप और मेमसाहब का आशीर्वाद न होता तो गौरी की शादी न हो पाती। हम फोन केवल इस वजह से कर रहे थे कि यदि आप कल घर पर रहें तो हम सुबह-सुबह आपके दर्शन करने आ जाएँ।"

सक्षम की आवाज का कड़कपन अब तक गायब हो चुका था। वह धीरे से बोला, "हाँ, कल सुबह मैं घर पर ही रहूँगा।"

मंगलू, "बहुत अच्छा साहब! तब तो कल हमें आपके दर्शन हो जाएँगे।"

जैसे ही बात खत्म कर सक्षम ने मोबाइल रखा तो माही ने उससे पूछा, "क्या कह रहा था मंगलू? कोई काम था क्या?"

सक्षम, "नहीं माही, उसे हमसे कोई काम नहीं है। दरअसल उसके घर में भैंस का बच्चा हुआ है, जिसके दूध का पहली बार खोया बना है। वह हमें भगवान् समझता है, इसलिए उस पहले खोये का भोग हमें लगाने के लिए वह कल हमारे घर आना चाह रहा है। आई एम सॉरी मैंने उसे कितना गलत समझा था।"

माही, "सक्षम, रिश्ते अंदाज से नहीं बनते। रिश्तों को समझने के लिए एहसासों की कच्ची पगडंडी पर कुछ कदम साथ-साथ चलना होता है, तभी रिश्तों की गहराई समझ में आती है।"

सक्षम, "थैंक यू, माही। तुम्हारी वजह से आज मेरा मन कलुषित होने से बच गया।"

अगले दिन मंगलू सुबह-सुबह खोए का भोग लगाने के लिए सक्षम के घर पहुँच गया। अपने भगवान् को सामने देख मंगलू उसके पैरों पर झुकने ही वाला था कि उसे प्यार से गले लगाते हुए सक्षम बोला, "मंगलू, तुम्हारी जगह पैरों में नहीं दिल में है और अब तुम्हें यहाँ आने के लिए कभी पूछने की जरूरत नहीं है।"

सक्षम के मन में परिताप से उपजे परिबोध का नया सवेरा हो चुका था। इसे देख माही मुसकरा पड़ी।

□

थरमस

मॉर्निंग वॉक पर अकसर आरव को दो रैग पिकर्स मिल जाती हैं। सड़क किनारे पड़े हुए पॉलीथीन, खाली बोतल आदि बीनते हुए। आपस में दुनियादारी की बातें करते, पर निगाहें दूरबीन की मानिंद कुछ तलाशते हुए। दोनों की उम्र लगभग यही कोई 35-40 के आस-पास की है। पहले उनके साथ एक लड़का भी आता था, लेकिन इधर कुछ दिनों से वह उसे नहीं देख रहा है। शायद उसकी तबीयत ठीक नहीं होगी या फिर वह कहीं रिश्तेदारी में चला गया होगा। इससे ज्यादा सोचना उसने कभी जरूरी नहीं समझा।

फरवरी के महीने में एक दिन मॉर्निंग वॉक के दौरान जब वह उनके पास से गुजर रहा था, तो उनमें से एक रैग पिकर्स की आवाज उसके कान में पड़ी, "सुमन, तुम्हारा बेटा तो अब बड़ा हो गया है, तू उसे अपने साथ अब क्यों नहीं लाती ? एक बोरी और इकट्ठी हो जाया करेगी तो चार पैसे ज्यादा आ जाएँगे। फिर तेरी बिटिया शामली भी तो सयानी हो रही है, शादी के वक्त यही पैसे काम आएँगे।"

आरव को उनमें से एक का नाम इस बातचीत से ही पता चला। वैसे उनके नाम जानने में उसकी कोई रुचि नहीं थी, पर मन के किसी कोने में उस लड़के के कूड़ा बीनने न आने की दबी हुई जिज्ञासा ने उसके कौतूहल को जगा दिया था और लोकाचार छोड़ वह उनके वार्त्तालाप का अनजान श्रोता बन गया।

सुमन, "अरे चमेली! विनोद की इंटर की परीक्षा है। मुझे ज्यादा तो नहीं पता पर वह बताता है कि उसने साइंस लिया है। अब परीक्षा सिर पर आ गई है। तू तो जानती है कि अपने मोहल्ले में दिन भर इतना शोर होता है कि वह बेचारा ठीक से पढ़ ही नहीं पाता। सुबह शांति रहती है, तो मैं उसे जगाकर एक कप चाय देकर काम पर निकल आती हूँ, ताकि उसकी नींद खुल जाए। वैसे यदि एक थरमस होता, तो एक-दो कप चाय और बनाकर रख आती, लेकिन उतने पैसों का जुगाड़ अभी हो नहीं पा रहा है।"

चमेली, “कोई बात नहीं, सुमन! दिल छोटा मत करो, भगवान् पर भरोसा रखो।”

इतना सुनने के बाद आरव के पाँव जड़वत हो गए। उसे एकदम झुरझुरी सी हो आई। क्या रैग पिकर्स की जिंदगी में भी ये सब होता है? साइंस स्ट्रीम में बच्चों की पढ़ाई, नींद भगाने के लिए सुबह-सुबह माँ के हाथों की गरमागरम चाय का कप, एक थरमस न होने की कसक पर उम्मीद का दीया पूरी ताकत से लौ बिखेरता हुआ। सच में माँ सिर्फ माँ होती है, उसकी कोई परिभाषा नहीं। रैग पिकर्स या अफसर होना उसकी ममता में भेद नहीं कर सकते। उम्र बढ़ने के साथ-साथ उसकी हर साँस अपने बच्चे के नाम हो जाती है।

आरव का दिल चाहा कि अभी सुमन को थरमस खरीदने के पैसे दे दे। पर उस दिन चाहकर भी उसने उससे कुछ नहीं कहा कि कहीं उसकी सेल्फ रेस्पेक्ट आहत न हो जाए। दूसरी ओर उसके मन में यह डर भी समाया था कि वह पलटकर कहीं यह न कह दे कि ‘शर्म नहीं आती महिलाओं की बात सुनते हुए।’

मॉर्निंग वॉक से घर लौटकर उसने अपनी पत्नी से पूछा, “रश्मि, घर में कोई पुराना थरमस है क्या? किसी जरूरतमंद को देना है।”

बिना कारण पूछे और किस को देना है बिना जाने उसने स्टील का एक अच्छा थरमस उसे दे दिया, जिसे पिछले जाड़ों में वे प्रयोग कर रहे थे। यही उसकी विशेषता है कि वह कभी भी ऐसे किसी कार्य का कारण उससे नहीं पूछती, जहाँ किसी को सहायता करने की बात हो। उस समय ऐसे लगता कि जैसे वह उसके शरीर में आत्मा बन पहले से वह बात जान गई हो।

अगले दिन मॉर्निंग वॉक पर जाने के लिए आरव ऐसे तैयार हो रहा था जैसे कोई परीक्षा देने जा रहा हो। उस दिन वह तय समय से थोड़ा पहले ही तैयार हो गया तो उसे अपने ऊपर पर थोड़ी हँसी भी आ गई। थरमस लेकर घर से बाहर निकलते समय वह थोड़ा नर्वस भी हो रहा था कि कैसे इसे सुमन तक पहुँचाऊँ। फिर उसे एक आइडिया सूझा कि मॉर्निंग वॉक के रास्ते पर जो बड़ा सा खाली प्लॉट है, वहाँ सबसे ज्यादा कूड़ा पड़ा रहता है। वहीं वह सुमन और चमेली के आने के पहले थरमस रख देगा।

तेज कदमों से चलकर वह उस खाली प्लाट पर पहुँच गया और चुपके से वहाँ थरमस रखकर वहीं थोड़ी दूर पर एरोबिक करने लगा, पर उसका मन उन्हीं रैग पिकर्स के इंतजार में लगा रहा।

थोड़ी देर बाद रोज की भाँति सुमन और चमेली वहाँ पहुँचीं। परीक्षा का रिजल्ट देखते समय जो उत्तेजना और बेचैनी होती है, ठीक वैसी ही फीलिंग उसे उस समय हो रही थी कि थरमस सही हाथ में पहुँचता है कि नहीं। लेकिन यह क्या कूड़ा बीनते हुए वह थरमस चमेली के हाथ पड़ गया।

आरव के मुँह से निकला, "ओह शिट्! सारी मेहनत बेकार हो गई।"

वह बुझे मन से वहाँ से चलने ही वाला था कि उसके कानों में चमेली की आवाज गूँजी, "सुमन, देख ऊपर वाले ने तेरी सुन ली। अब विनोद के लिए तू एक नहीं तीन-चार कप चाय इकट्ठा बना सकती है। कोई कूड़े में थरमस छोड़ गया है।"

अरे! यह क्या? उनकी तरफ भौंचक होकर आरव ने देखा तो पाया कि सुमन के हाथ में चमेली थरमस दे रही थी। भाव-विभोर निःशब्द सुमन के हाथ थरमस पकड़े हुए आकाश की ओर जुड़ गए।

उसे समझ में आ गया कि रिश्तों की गहराई को अंदाज से नहीं मापा जा सकता। उसकी थाह पाने के लिए थोड़ा वक्त देकर उसे जीते हुए महसूस करना पड़ता है।

चमेली से मन-ही-मन सॉरी बोलते हुए वह भगवान् से बोला, "क्लाईमेक्स में तू इतना रोमांच क्यों बढ़ा देता है?"

अब जब भी मॉर्निंग वॉक के दौरान वे दोनों उसे मिलतीं तो उन्हें देखकर चाय की चुस्कियाँ लेते विनोद का चेहरा उसकी कल्पना में तैर जाता।

दिन और महीने बीतते चले गए। मई का महीना आ गया था। उस दिन भी आरव को वे उसी रास्ते पर मिल गईं। उस दिन सुमन की आवाज रोज से ज्यादा साफ, चमकदार और खुश लग रही थी। वह चमेली को बता रही थी, "चमेली, कल इंटर का रिजल्ट आ गया, विनोद फर्स्ट डिवीजन से पास हो गया है। तुम जानती हो, थरमस मिल जाने से मैं विनोद के लिए इकट्ठा चाय बनाकर रख देती थी, इससे उसे अपनी नींद भगाने और पढ़ाई करने में बहुत मदद मिली। भगवान् उस व्यक्ति को खूब खुश रखे, जिसने वह थरमस उस दिन कूड़े में छोड़ा था।"

यह सुनकर आरव को लगा कि विनोद नहीं, बल्कि वह परीक्षा में पास हुआ हो। एक हाथ में रिजल्ट और दूसरे से 'V' विजय का प्रतीक बनाए हुए विनोद का हँसता हुआ चेहरा उसकी आँखों के सामने तैर गया।

□

नि:शब्द

—हर्षाश्री

रात एक बजे भी पापा के कमरे की लाइट जल रही थी। श्रवण ने धीरे से झाँककर देखा, पापा बिस्तर पर लेटे हुए छत को निहार रहे थे। उस एक पल श्रवण को पापा बड़े दीन और असहाय लगे।

माँ के जाने के बाद बहुत खालीपन आ गया था, उन सबकी जिंदगी में। श्रवण जिस तरह माँ से उन्मुक्त था, उस तरह पापा से नहीं। उसे रोना आ रहा था। दिल डूबने लगा यह सोचकर कि फिर कभी माँ की गोद में सिर रखकर नहीं लेट पाएगा। उसे लगा वह जो इतना बड़ा होकर भी माँ के लिए बच्चा था, अब हमेशा के लिए बड़ा हो गया है। उसका बचपन हमेशा के लिए छिन गया है।

पापा के साथ पता नहीं क्यों, वैसा आत्मिक संबंध कभी बन ही नहीं पाया। ऐसा नहीं कि प्यार नहीं था, फिक्र नहीं थी या अपनापन नहीं था। सबकुछ था, पर ताजिंदगी एक हिचक, एक दूरी बनी रही। पापा का अनुशासन और रोब ही ऐसा था। उनका सहज स्नेह उनके अनुशासन और रोब के नीचे दब गया था। श्रवण कभी जान ही न पाया पिता के कंधे से झूल जाने का सुख क्या होता है, और पिता से फरमाइश कैसे की जाती है। औपचारिक बातों के सिवा वह पापा से कोई बात कर ही नहीं पाया। वह एक अदृश्य दीवार हमेशा बनी रही उन दोनों के बीच।

आज पापा को इस तरह असहाय सा देखकर श्रवण को बहुत अजीब सा लग रहा था। जिस वृक्ष को हमेशा सीधे तनकर खड़ा देखा, उसका झुक जाना तो ठीक था, पर यों टूट जाना, वह पापा के गले लगकर रोना चाहता था ,उन्हें सांत्वना देना चाहता था। बताना चाहता था कि उनसे कितना प्यार करता है कि वे अकेले नहीं हैं। वह उनका दर्द बाँटना चाहता है। न जाने कब से उनके कमरे के दरवाजे पर खड़ा हिम्मत जुटा रहा था। चार कदम का फासला मीलों का लग रहा था। वह अदृश्य दीवार श्रवण को आगे नहीं बढ़ने दे रही थी। पापा मैं हूँ न, मुझसे बातें कीजिए। माँ

के बारे में अपना मन खोलकर रखिए मेरे सामने, आपकी बातें सुनने के लिए मेरे पास फुरसत-ही-फुरसत है। आप भी मेरी बातें सुनिए, मेरी माँ बन जाइए पापा। शब्द श्रवण के गले तक आ रहे थे। वह उमड़ती हुई रुलाई को रोकने की कोशिश कर रहा था, ताकि पापा को उसकी आहट न सुनाई दे जाए।

अचानक श्रवण का ध्यान पापा के चेहरे की ओर गया। आँखों से आँसू बह कर गालों तक आ रहे थे। तकिया आँसुओं से भीगा हुआ था। अब श्रवण के लिए खुद को रोकना बहुत मुश्किल हो रहा था। कदम आगे बढ़ रहे थे, संकोच उन्हें रोक रहा था।

सहसा पापा ने गरदन घुमाई। दो जोड़ी आँसू भरी आँखों ने एक-दूसरे का स्पर्श किया। जाने क्या था, उस एक पल में दोनों की यत्न से रोकी रुलाई उमड़ पड़ी। अब श्रवण अपनी जगह खड़ा न रह सका। उसने पापा के पास जाकर उन्हें गले से लगा लिया। क्या नहीं था उस एक स्पर्श में—पीड़ा, व्याकुलता, सांत्वना, दिलासा, प्रेम, लगाव—वह सबकुछ जो इतने बरसों तक अंतर में दबा हुआ था।

जाने कितनी देर तक पिता-पुत्र निःशब्द रोते रहे। एक साझा दर्द ने उस अदृश्य दीवार को गिरा दिया था। माँ चली गई थीं, पर श्रवण को पापा मिल गए थे, कुछ-कुछ माँ जैसे।

□

बोंसाई

"पापा, ये छोटा सा गमला तो बड़ा प्यारा लग रहा है। इसमें कौन सा पौधा लगा है?"

"बेटा ये पीपल के पेड़ का बोंसाई है। बोंसाई माने बौना पेड़।"

"लेकिन पापा, पीपल का पेड़ तो इत्ता बड़ा होता है। आसमान जितना। मंदिर में है न। दादी उस पर जल भी चढ़ाती हैं।"

"हाँ बेटा बहुत बड़ा होता है। लेकिन जिस पीपल को बोंसाई बनाते हैं, उसे जमीन से निकालकर नन्हे से गमले में लगा देते हैं। बड़ा नहीं होने देते। बहुत काट-छाँट करनी पड़ती है। बड़ी मेहनत का काम है पेड़ को बोंसाई बनाना।" जतिन ने गर्व से बताया बेटी को।

"अच्छा पापा अगर उसे जमीन में ही लगा रहने देते तो?"

"तो वह मंदिर वाले पीपल जितना बड़ा हो जाता। बड़ी-बड़ी टहनियाँ होतीं, ढेर सारे पत्ते होते।"

"तो इतनी मेहनत करके छोटा क्यों बनाया पापा?" बेटी प्रश्न पर प्रश्न किए जा रही थी।

"इसलिए बेटा, जिससे हम उसे घर में सजा सकें। देखो कितना सुंदर लग रहा है न।"

"सुंदर तो है···पर पापा, इत्ते से गमले में पीपल को 'सफोकेशन' होता होगा न। क्या पता इसे मंदिर वाले पीपल जैसा बनने का मन कर रहा हो, बड़ा सा, फैला-फैला। हैपी वाला।" बेटी एक नए नजरिए से देख रही थी बोंसाई को।

"पता नहीं बेटा, पेड़ का भी मन होता है क्या?" जतिन का उत्साह मद्धिम पड़ गया था।

"होता है पापा, मम्मी कहती हैं, मन सबके पास होता है। बस, उसको पढ़ने

वाला नहीं होता। लेकिन मन को पढ़ते कैसे होंगे भला?"

"मुझे नहीं पता।" जतिन का स्वर विगलित हो रहा था।

"आपने किसी का मन पढ़ा है पापा।"

"नहीं।"

"अच्छा पापा, क्या केवल पेड़ को ही बोंसाई बनाते हैं?"

"नहीं बेटा, कभी-कभी इनसान भी बोंसाई बन जाते हैं।"

पत्नी की आवाज सुनकर जतिन ने अचकचाकर देखा, वह सिर पर पल्लू डाले मेज पर खाना लगा रही थी। शायद पलकें भीगी थीं उसकी।

पता नहीं क्यों, जतिन को लगा उसके सामने जो खड़ी है, वह उसकी जीवनसंगिनी नहीं, बोंसाई है। उसके मन को पढ़े बिना ही रस्मों-रिवाजों और वर्जनाओं की कैंची से काट-छाँटकर सजा दिया गया है, घर के गमले में, और इस अपराध में वह भी बराबर का भागीदार है। उसके हुनर को कैसे मुरझाने दिया। एक अजीब सी बेचैनी होने लगी। लग रहा था कुछ खो गया है। हाँ, उसकी पत्नी के भीतर जो लहराता पीपल था, शायद वही।

अचानक उसने भावावेश में पत्नी का हाथ थाम लिया। "सुनो, एक अरसा हुआ तुम्हारा सितार सुने, आज बजाओ न।"

□

दूध पर जमी मलाई

हनुमान चित्र पृष्ठ १३५

बात इतनी छोटी सी थी कि अब याद भी नहीं दोनों को। लेकिन वह नामालूम सी बात यों बढ़ी कि पहले बहस, और फिर बाकायदा झगड़े में तब्दील हो गई। छुट्टी का दिन था, माकूल फुरसत में थे, दोनों लड़ने के लिए। पत्नी ने गैस पर दूध चढ़ाया हुआ था भगोने में। दूध धीमी आँच पर उबल रहा था। बहस तेजी से झगड़े में बदल रही थी।

एक-दूसरे की कमियों की फेहरिस्त गिनाई गई, फूटी किस्मत को जी भर के कोसा गया। दूध अपनी रौ में उबलता रहा।

गिन-गिनकर गड़े मुर्दे उखाड़े जा रहे थे। पत्नी की जिंदगी इस घर में आने के बाद जहन्नुम से बदतर हो गई थी। पति का जीवन इस स्त्री के साथ सात फेरे लेकर नर्क बन गया था। एक-से-एक अच्छे रिश्ते थे, पता नहीं क्या सोचकर माँ-बाप ने ऐसे इनसान के पल्ले बाँध दिया था। दोनों ओर से शब्द-बाण चल रहे थे। दूध बहुत देर से खौल रहा था।

अब दोनों बहस करके थक चुके थे। पत्नी ने किचन में जाकर गैस बंद की और सुबकने लगी। पति ड्राइंग रूम में सोफे पर पसरकर छत को निहारने लगा। सुबह से दोपहर हो गई। घर में खामोशी छाई थी। नाश्ता खाना कुछ भी नहीं बना था आज। दूध ठंडा हो गया था और उस पर मोटी मलाई जम गई थी।

तभी दोनों के कॉमन फैमिली ग्रुप पर एक मैसेज फ्लैश हुआ—'लव इज केयरिंग फॉर ईच अदर ईवन व्हेन यू आर एंग्री', जब आप एक-दूसरे पर नाराज हों, तब भी एक-दूसरे की परवाह करना ही प्यार है। मैसेज के साथ एक तसवीर थी, जिसमें पति-पत्नी एक-दूसरे से रूठे हुए थे, फिर भी पति ने पत्नी को बारिश से बचाने के लिए उस पर छतरी तान रखी थी।

पति ने मैसेज पढ़ा···कुछ पल सोचा और किचन में आकर पानी की बोतलें

भरने लगा। उसने देखा, पत्नी के मोबाइल पर भी वही मैसेज खुला हुआ था और वह खाना बनाने की तैयारी कर रही थी। दोनों कनखियों से मोबाइल को देखकर दबा-दबा सा मुसकरा रहे थे। अचानक निगाहें मिलीं और दबी मुसकान हँसी बनकर फूट पड़ी।

पति ने मुसकराते हुए चाय पत्ती और चीनी का डब्बा दूध के पास रख दिया। पत्नी ने आशय समझा, और मुसकराते हुए ही फटाफट चाय बना डाली।

सुबह जिनकी जिंदगी एक-दूसरे से ब्याह कर जहन्नुम बनी हुई थी, वे हमसफर अब साथ में बैठे चाय पी रहे थे। चाय बनाते वक्त पत्नी ने दूध पर से सारी मलाई हटाकर फ्रिज में रख दी थी। प्यार के दूध, परवाह की पत्ती और लगाव की चीनी वाली चाय में शिकवे शिकायतों की मलाई कैसे अच्छी लगती भला।

□

बैकबोन

"क्या बताऊँ यार, इतना तीखा दर्द है कि बरदाश्त नहीं हो रहा है। तुम्हारे क्लीनिक तक जाने की हिम्मत नहीं पड़ी, इसीलिए बुलाना पड़ा।" मैंने कराहते हुए गरम पानी की थैली को पीठ के नीचे सेट करने की कोशिश की। करवट बदलना पहाड़ तोड़ने से कम नहीं लग रहा था। ये तो गनीमत थी कि वरुण तुरंत आ गया था। उसके आने से पहले शिवी मुझे आयोडेक्स लगाकर सिकाई कर चुकी थी।

"कम-से-कम चार-पाँच दिन बिल्कुल आराम करो। भाभी, इसे ऑफिस बिल्कुल मत जाने दीजिएगा।" वरुण आदेश भी दिए जा रहा था और मेरी रीढ़ की हड्डी पर अँगूठे से दबाकर देखता भी जा रहा था।

"यहीं, बस यहीं बहुत तेज चुभन हो रही है वरुण।" मेरी आह निकल गई उसके दबाने से। "पिछले दो-तीन महीने से अकसर होती थी, पर फिर ठीक भी हो जाती थी। तो मैंने खास ध्यान नहीं दिया।"

मैंने सफाई देने की कोशिश की। वरुण का सहारा पाकर शिवी भी शुरू हो गई, "देखो न वरुण, कितनी बार कहा अपनी सेहत का ध्यान रखा करें। पर मेरी सुनते कहाँ हैं। तुम ही समझाओ।" उसके स्वर में चिंता थी।

"देखो भाई, ये बैकबोन की बात है। तुम्हें हलके में नहीं लेना चाहिए। पढ़े-लिखे हो यार, इतना भी नहीं जानते शरीर के लिए बैकबोन कितनी जरूरी है। ज्यादा दिक्कत हुई तो सीधे खड़े होना भी मुश्किल हो जाएगा। समझ रहे हो न।" क्या कहता मैं, गलती मेरी ही थी, जो समय रहते समझ नहीं पाया।

शिवी प्लेट में फल काटकर ले आई थी। फल क्या पूरा सरंजाम था। फल, दूध, कुछ मैगजींस, मेरा मोबाइल, पावर बैंक। "अरे भाभी, इतना भी बीमार नहीं है ये। आप तो एकदम वी.आई.पी. जैसा ट्रीटमेंट दे रही हैं। इतने नवाबी ठाठ मत

दीजिए।" वरुण को हँसी आ गई।

"तुम नहीं समझोगे वरुण, जब तकलीफ में कोई खयाल रखता है, परवाह करता है, तो अच्छा लगता है।" शिवी ने पीठ के नीचे गरम पानी की थैली ठीक से सेट करते हुए मेरा माथा सहला दिया। थैली रखने से चुभन वाली जगह पर नरम सी गरमाहट आ रही थी। अच्छा लग रहा था। मैंने आँखें मूँद लीं। वरुण कल आने की बात कहकर चला गया था। शिवी शायद सब्जी काट रही थी मेरे पास बैठकर। मैं बंद आँखों से उसे महसूस कर रहा था।

वरुण से यह खयाल रखने, परवाह करनेवाली बात क्यों बोली होगी उसने? कोई बात है क्या? लेटे-लेटे याद करने लगा। पिछले हफ्ते शिवी को बुखार था, शायद सिरदर्द भी था। सुबह उठने की हिम्मत नहीं हो रही थी, पर किसी तरह उठकर नाश्ता बनाया, बच्चों को तैयार करके स्कूल भेजा, मेरा लंच पैक किया और सिर पर दुपट्टा बाँधकर बिस्तर पर पड़ गई। "आराम करना शिवी, ज्यादा स्ट्रेस मत लेना।" कहकर मैं ऑफिस के लिए निकल गया था। ध्यान तो रखा था मैंने।

उस दिन यही लगा था, पर आज सोच रहा था, क्या सचमुच खयाल रखा था? क्या चाहा होगा शिवी ने? मुझसे काम की अहमियत समझती है वह। मैं छुट्टी कर लूँ बेशक यह नहीं चाहती होगी। पर मैं उसके कहे बगैर सुबह के काम में थोड़ी मदद कर सकता था। क्या होता अगर मैं उसके सिर में बाम लगा देता···दर्द तो धीरे-धीरे ही जाता, पर उसे सुकून मिलता कि मुझे सरोकार है उसके दर्द से। वह मेरा हाथ पकड़ लेती, कहती, "जाइए आपको देर हो रही है। मैं ठीक हो जाऊँगी थोड़ी देर में।" मैं कहता, "देखो भूखे पेट मत रहना, कुछ खा-पी लेना। ये दवा, फल सब रखे हैं तुम्हारे सिरहाने।" उस दर्द में भी वह मुसकराकर देखती मुझे और मैं उसके हाथों को हौले से दबा देता। ऑफिस तो मैं जाता ही, पर उन कुछ पलों को जीने के बाद। कुछ चुभा तो होगा शिवी को उस दिन।

मैंने हौले से आँखें खोलीं। अब शिवी मटर छील रही थी। शायद हफ्ते भर की काटने-छीलने वाली सब्जियाँ वह यहीं लेकर बैठी थी। मैंने हलके से करवट लेने की कोशिश की। शिवी ने एकदम से पूछा, "कुछ चाहिए क्या आपको? सो जाइए आराम से। मैंने परदे खींच दिए हैं। आँखों में धूप नहीं चुभेगी।" मैंने धीरे से सिर हिलाकर आँखें मूँद लीं। आँखें, जो जरा सा भीग गई थीं। ये औरतें भी न, माँ तो माँ होती ही है, पत्नी, बहन और बेटी भी माँ बन जाती हैं हमारी तकलीफों में।

मैं याद करने की कोशिश कर रहा था, कब शिवी की तबीयत खराब होने

पर मैंने उसे इस तरह पैंपर किया था। कुछ याद नहीं आ रहा था। ऐसा नहीं है कि मैं कोई बुरा पति हूँ। मैं शिवी से बहुत प्यार करता हूँ, पर शादी के इतने सालों बाद शायद इस रिश्ते को फॉर ग्रांटेड लेने लगा था। मैं बुरा पति नहीं था पर संवेदनशील जीवनसाथी भी नहीं था। उसकी किसी भी उदासी में उसे गले लगा लेना, वह एक जादू की झप्पी का मरहम लगा देना कब किया था मैंने, याद नहीं।

शिवी को किताबें पढ़ना बहुत पसंद है। जब वह सारे काम करके कुछ पढ़ने बैठती, उसी वक्त मुझे कोई-न-कोई काम याद आ जाता था। "शिवी, खाना दे दो, शिवी पानी गरम कर दो।" आज लग रहा है, ये छोटे-छोटे काम मैं खुद भी कर सकता था। बात किताब की नहीं थी, बात उसके अपने वक्त की थी। हलकी सी चुभन तो होती होगी उसे शायद, जब मेरे क्रिकेट मैच देखते वक्त मेरा खाना चाय सब मुझे हाथों में थमाती थी।

अकसर कहती, "सुनो न, आओ रसोई में मैं गरम रोटियाँ सेंक रही हूँ। यहीं बैठकर खाओ, अच्छा लगेगा।" आज समझ रहा था, वह अकसर ये जिद क्यों करती है। बस घर के डेली रूटीन के पौधों पर छोटी-छोटी शरारतों और अठखेलियों की फुहार बरसाने के लिए। प्रेम के कुछ पल चुराने के लिए। कुछ चुभता तो होगा शायद, जब मैं उसकी छोटी सी ख्वाहिश को नजरअंदाज कर देता था।

कब मैं अपनी नौकरी में इतना मसरूफ हो गया कि छोटी-छोटी शरारतों, मासूम चुहलबाजियों और आँखों में थिरकते इशारों की भाषा भूलने लगा। नहीं, सारा दोष नौकरी का तो नहीं था। वक्त इतना भी कम नहीं था। इन प्यार भरे पलों को ढूँढ़ने और जीने के लिए वह जो मन चाहिए होता है न, उसे ही कहीं रखकर भूल गया था मैं। जबकि शिवी अपने उस मन को माँजकर चमकाती रहती है। हँसना-खिलखिलाना उसकी आदत में शुमार है। कुछ चुभता भी होगा तो फिर से खुश रहने की कोई और वजह ढूँढ़ लेती है। प्यार है तो जताना भी चाहिए, रिश्तों में गरमाहट बनी रहती है। यही है उसकी फिलॉसफी। मुझसे भी सिर्फ यही चाहती है और कुछ नहीं। सच, बहुत प्यारी है मेरी शिवी हाँ, मेरी शिवी।

कल मैं दफ्तर में मेडिकल छुट्टी की अर्जी भिजवा दूँगा। कंप्लीट रेस्ट करना है मुझे। लेकिन शिवी को मेडिकल लीव कौन देगा? ईश्वर न करे, लेकिन अगर कभी उसे बेड रेस्ट करना पड़ा तो, सोचकर ही घबराहट होने लगी मुझे। ये गृहस्थी खड़ी रह पाएगी क्या इसी तरह? वरुण कह रहा था न, बैकबोन में तकलीफ हो तो शरीर का सीधा खड़ा रहना मुश्किल हो सकता है।

और सच कहूँ तो बात सिर्फ शिवी की नहीं अब। मैं खुद भी अपने उस खोए हुए मन को वापस लाना चाहता हूँ। इस घर-गृहस्थी, नौकरी और एकरस दिनचर्या की खान में खूबसूरत लम्हों के बेशकीमती हीरे छुपे हैं, जिन्हें शिवी रोज तलाश लेती है। उसका संग है तो मैं भी तलाश लूँगा।

"सुनो शिवी, मैं तुमसे बहुत प्यार करता हूँ। तुम बैकबोन हो। मेरी भी और इस घर की भी।" बेसाख्ता निकला मेरे मुँह से। सुनकर वह अचकचा गई, "क्या हुआ, कैसी बहकी-बहकी बातें कर रहे हैं।" हाथ छुड़ाकर जाती जीवनसंगिनी को मैंने रोक लिया, "वरुण कह रहा था, बैकबोन की चुभन को नजरअंदाज नहीं करना चाहिए था मुझे। अब ऐसी कोई गलती नहीं करूँगा।" कहते हुए मैंने सेब की एक फाँक उसके मुँह में डाल दी।

शिवी की आँखें छलक उठीं। इससे पहले कि मैं कुछ समझ पाता, उसने दूध का गिलास मेरे होंठों से लगा दिया, "मुझे भी तो ध्यान रखना है न अपनी बैकबोन का।"

मेरा मन फूल सा हलका हो गया।

□

मैं उसे जानती नहीं थी पर

"छाया मैम, ये मेडिकल क्लेम वाली फाइल जिनकी है, वे एक बार मिलना चाहती हैं आपसे।" अमोल ने आकर कहा तो मैं जैसे तंद्रा से जागी। पता नहीं कब आँखों में दो बूँद आँसू आ गए थे।

"पाँच मिनट बाद भेज देना अमोल, मैं फाइल ठीक से देख लूँ जरा।" मैंने फाइल में सर झुकाए हुए ही जवाब दिया। कहीं स्टाफ को अफसर की आँखों की नमी नजर न आ जाए।

रोज ढेरों फाइलें आती हैं मेरे पास। पर पता नहीं क्यों, जब भी कोई मेडिकल बिल की फाइल आती है, मैं उन अनजान लोगों से जरा सा जुड़ जाती हूँ। अस्पताल की डिस्चार्ज रिपोर्ट देखकर दिल को सुकून मिलता है। लेकिन अगर मरीज की मृत्यु हो गई हो, तो मन विचलित हो जाता है थोड़ा सा, पता नहीं क्यों।

अमोल के आने से पहले फाइल के पन्ने पलटते हुए मेरी निगाह सी.जी. एच.एस. कार्ड की कॉपी पर अटक गई थी...जन्मतिथि—20 जुलाई, 2013। ओह, पाँच साल की बच्ची है। क्या हुआ होगा इसे...। अगले पन्ने पर बच्ची की माँ का आवेदन था—"निवेदन है कि मेरी पुत्री 21 जुलाई, 2018 को सीढ़ियों से गिर गई थी। सिर में गहरी चोट आने के कारण इमरजेंसी में अस्पताल में एडमिट कराना पड़ा। बहुत कोशिशों के बाद भी उसे बचाया नहीं जा सका...।" अगले पन्ने पर अस्पताल की डेथ समरी थी...मृत्यु की तिथि—24 जुलाई, 2018।

21 जुलाई...यानी जन्मदिन का अगला दिन। एक दिन पहले इस गुड़िया का जन्मदिन मनाया गया होगा। उपहार आए होंगे। शायद बिटिया ने थोड़ा सा केक बचाकर रखा होगा, अगले दिन के लिए। पता नहीं खाया भी होगा या नहीं। तोहफे में मिले खिलौने देखे होंगे या नहीं। मेरी कल्पना में गुब्बारों से सजा घर,

बार्बी वाला केक, गलबहियाँ करती बिटिया, 'तुझे मेरी उम्र लग जाए' कहकर नजर उतारती माँ, गोद में उठाकर दुलार करते पापा···सब साकार हो उठा कुछ पलों में। वे तोतली बातें, जो मैंने कभी सुनी नहीं थीं, वे उलटे-सीधे सवाल, जिनके जवाब मैंने कभी दिए नहीं थे···सब मेरे कानों में गूँजने लगे।

"मैम, भेज दूँ उन्हें अब?" अमोल ने फिर दरवाजे से झाँका। "भेज दो अमोल।" कहीं अमोल ने मेरी आवाज का भारीपन पढ़ तो नहीं लिया होगा···

"नमस्ते मैडम।" सुनकर मैंने देखा। मेरे सामने वह माँ थी, जिसने तीन महीने पहले अपनी बिटिया को खोया था। मैं उसे जानती नहीं थी। कभी देखा नहीं था, फिर भी लगा जैसे उसके दर्द से अछूती नहीं हूँ। "मैडम, हो सके तो मेरी फाइल थोड़ा जल्दी क्लियर करवा दीजिएगा···" कहते-कहते उसकी आँखें आँसुओं से भर गईं। मेरे सामने फाइल में उसकी एप्लिकेशन खुली हुई थी। "मेरा दिल जानता है मैडम, मैंने ये एप्लीकेशन कैसे लिखी थी। मेरा सबकुछ चला गया, और मैं अस्पताल की डेथ समरी स्टेपल कर रही थी एप्लीकेशन के साथ। कितनी दवाएँ, कितने इंजेक्शन···सबका ब्योरा सिलसिलेवार लगा रही थी। रुपयों के लिए···सिर्फ छह लाख रुपयों के लिए। डूब मरना चाहिए मुझे। पति व्हील चेयर पर न होते, उनका इलाज न चल रहा होता तो मर जाती कब की।" वह रुलाई रोकने की कोशिश कर रही थी।

सन्न रह गई मैं। मेज के उस तरफ जो फरियादी थी, वे एक टूटी हुई स्त्री थी। मेज के इस तरफ जो अफसर थी, वह भी इस पल अफसर नहीं, एक स्त्री ही थी। मैंने उसके हाथ थाम लिये, "मैं किसी भी तरह आपका दुःख नहीं बाँट सकती। आपको समझा नहीं सकती। चाहूँ, तो भी नहीं। इतनी क्षमता नहीं है मुझमें। लेकिन आपको सँभालना होगा खुद को, और अपने पति को भी। रही आपकी फाइल, तो उसके लिए आपको आने की जरूरत नहीं। आप घर जाइए। मैं कोशिश करूँगी जल्द-से-जल्द क्लियर करवाने की।" मेरा स्वर भीग गया था।

वे चली गई। अमोल ने अंदर आकर पूछा, "वो मैडम बहुत रो रही थीं न। नन्ही सी बेटी जन्मदिन के अगले ही दिन चली गई। उनकी फाइल पढ़कर मेरा मन भी बहुत दुःखी हो गया था मैम। वही सोचता रहा बहुत देर। अरे, आपको क्या हुआ?"

मेरा चेहरा शायद रुँधा हुआ लग रहा था। "कुछ नहीं अमोल, मेडिकल क्लेम की फाइलें कई बार सिर्फ फाइलें नहीं होतीं। एक जतन से सजाए गए घर

के बिखरने की गवाह भी होती हैं। है न?" मैंने सिर उठाकर कहा। अमोल की संवेदना मेरे मन तक पहुँच चुकी थी। इस वक्त एक महिला अफसर को अपने पुरुष स्टाफ से आँसू छुपाना जरूरी नहीं लग रहा था।

□

अपराजिता

"सबा, मैं और मानस एक बच्ची को गोद ले रहे हैं। दो महीने की है। कल ले आएँगे उसे उसके अपने घर।" आज से ठीक एक महीने पहले मेरी अभिन्न सखी अपराजिता, यानी अपू ने खुशी से छलकती आवाज में बताया था मुझे मीठी वार्निंग के साथ, "ट्रेनिंग पूरी करके सबसे पहले यहीं आना है। गुड़िया अपनी मासी का इंतजार कर रही है।"

आज उस फोन के एक महीने बाद मैं और अपू आमने-सामने बैठे हैं, अपू के घर पर। जिसे देखने और खिलाने के लिए मैं इतने दिनों से बेचैन थी, जिसने मेरी अपू की सूनी गोद को भर दिया था, आज रुई सी नरम नाजुक वह बच्ची मुझे अपू की सबसे बड़ी दुश्मन लग रही थी। ये है ही मनहूस। पैदा होते ही अनाथाश्रम में पहुँच गई। अब इस घर में आई तो पितृहंता बनकर। अपू ने पति खोया, शैला चाची ने इकलौता बेटा। कोई और वक्त होता तो मैं ऐसा सोचने वाले को घटिया, दकियानूसी, जाने क्या-क्या कहती। पर आज खुद वही सोच रही थी। हॉस्पिटल में भरती रिश्तेदार को देखने गए मानस के सीने में रास्ते में ही ऐसा दर्द उठा कि वहीं खत्म हो गया सबकुछ। कुछ सोचने समझने, इलाज कराने का वक्त ही नहीं मिला। लगता है अपू के भाग्य में पति और संतान का सुख एक साथ लिखा ही नहीं। माँ नहीं बन पा रही थी तो बेटी गोद ली। पर विधाता से अपू का सुख देखा नहीं गया।

बाहर के कमरे से मातमपुर्सी करने आए रिश्तेदारों की फुसफुसाहट सुनाई दे रही थी, "अभी उमर ही क्या है। सैंतीस अड़तीस की होगी। ये गोद ली लड़की का चक्कर न होता तो दूजा ब्याह हो जाता बिचारी का।"

"अरे, जब पता चला लड़की गोद ले रहे हैं तो हम तो कहबै किए मानस की अम्मा को, लेना है तो लरिका लें। ई जानते-बूझते जिम्मेवारी गले में डालना भइया हमें तो समझ में नहीं आया।"

"हम तो कहते हैं, अगर फिराए सकैं तो फिराए दें, लड़की को वापस अनाथसरम में। अबई दिने कित्ते भए हैं। कौनो आपन कोखजाई तो है नहीं कि वइसन मोह ममता हो।"

अपू बिटिया का पालना हिला रही थी। "देख रही हो सबा, अभी मानस की तेरहवीं को चार दिन भी नहीं हुए, सबको मेरे दूजे ब्याह की चिंता सताने लगी। उनका बस चले तो आज ही दो-चार रिश्ते लेकर आ जाएँ।" अपू के स्वर में तिक्तता थी। और हैरानी की बात, नारी शक्ति और आत्मसम्मान का परचम लहराने वाली मैं भी आज उन सो कॉल्ड शुभचिंतकों की बात से सहमत थी। ऐसी सुंदर, सुलझी हुई नौकरीपेशा स्त्री के लिए रिश्ते तो मिल ही जाएँगे। लेकिन अपू को कुछ करके बच्ची को अनाथाश्रम वापस भेज देना चाहिए। कितने अशुभ कदम हैं इसके। ये आई और मानस चला गया। मौका देखकर समझाऊँगी अपू को। मैं मन-ही-मन समझाने के लिए वाक्य सजाने लगी। रिश्तेदार अपना फर्ज निभाकर जा चुके थे।

तभी पालने में सोई गुड़िया कुनमुना उठी। अपू उसे गोद में उठाकर थपकने लगी, "सच कहो सबा, मैंने इसे जन्म दिया होता, नौ महीने खुद में सहेजा होता, क्या तभी मैं माँ कहलाती इसकी। दिल का रिश्ता कुछ भी नहीं, कुछ दिन ही सही, पर मानस ने इसे गोद में खिलाया है, सीने से लगाकर सोए हैं। कैसे मान लूँ कि ये उनकी निशानी नहीं।"

मैं कुछ कहने को हुई, तभी शैला चाची की आवाज सुनकर चौंक उठी, "जन्म तो मैंने भी तुम्हें नहीं दिया अपराजिता, लेकिन माँ हूँ तुम्हारी और तुम गुड़िया की। अब हमें साथ मिलकर जिंदगी का सामना करना है।" वे पता नहीं कब वहाँ आ गई थीं। ममता से अपू के सिर पर हाथ फेर रही थीं, आँखों में इकलौता बेटा खोने की मर्मांतक पीड़ा छुपाकर। अपू उनके सीने से लग गई थी।

"ये देखो सबा, इससे ज्यादा क्या सबूत दूँ मैं।" मैंने देखा गुड़िया ने सोते हुए अपनी नन्ही नाजुक उँगलियों से अपू की एक उँगली कसकर पकड़ी हुई थी। कितना मजबूत बंधन था।

मेरा मन भर आया। तीन अलग-अलग पीढ़ियाँ बिना किसी रक्त संबंध के एक दूजे को मजबूती से थामे हुए थीं। जो लोग कहते हैं, औरत ही औरत की सबसे बड़ी दुश्मन होती है, आएँ और देखें। एक नहीं, दो यशोदा माँएँ थीं, मेरे सामने उस घर की नई रौनक को दुलारते हुए। कुछ देर पहले अपू को समझाने के लिए गढ़े गए वाक्य कहीं खो गए थे। कितना छोटा सोच रही थी मैं।

आज, इस पल ये दोनों माँएँ और वह नन्ही परी मेरे लिए मिसाल बनकर सामने थीं। बेशक शैला चाची और अपराजिता ने एवरेस्ट फतह नहीं की थी, पर अपने जीवन के सबसे कठिन समय को फतह कर रही थीं। उन्होंने ऐसी कोई उपलब्धि हासिल नहीं की कि उनका नाम मशहूर हो, किसी पुरस्कार को जीतने लायक कोई महान् काम भी नहीं किया। दुनिया उनकी मिसालें भी नहीं देगी। लेकिन एक अपूरणीय क्षति के बाद भी अपने मन के कुरुक्षेत्र में रूढ़ियों और खोखले रीति-रिवाजों से युद्ध करके और जीतकर आपसी स्नेह का जो साम्राज्य हासिल किया है, क्या इसके लिए आप इन्हें विजेता नहीं कहेंगे?

□

होमवर्क

"आजाओ पिंकू बेटा, अपना स्कूल बैग ले आओ। देखें तो जरा क्या होमवर्क मिला है, मेरे राजा बेटे को?" मैंने अपने छह साल के किंग ऑफ हाउस को आवाज लगाई।

उफ! चार से पाँच बजे का ये समय होमवर्क टाइम! पंद्रह मिनट का काम एक घंटे में भी हो जाए तो गनीमत समझो। लेकिन बकरे की अम्मा···सॉरी-सॉरी··· पिंकू की मम्मा कब तक खैर मनाती। सो, सारे लाव-लश्कर समेत बैठ गई। "मम्मा मम्मा, मैम ने कहा है, भालू के फुटबॉल खेलने वाली स्टोरी पढ़नी है और कठिन शब्द लिखने हैं। भालू भी कहीं फुटबॉल खेलता है··ही ही।" पिंकूजी किताब में तसवीर देखकर लोटपोट हो रहे थे।

अभी घर के बहुत सारे काम पड़े हैं। छत से कपड़े लाने हैं, यूनिफॉर्म धोनी है, किचन के बरतन खाली करने हैं और ये जो गदर मचाया है लाट साहब ने, उसे भी समेटना है। लेकिन पहले ये होमवर्क खत्म करवा दूँ जल्दी से। मैंने किताब के पन्ने पर उँगली रखी, "सर्दियों का मौसम था···" "वाउ मम्मा, सर्दी में कितना अच्छा लगता है न। मुझे गरमी बिल्कुल अच्छी नहीं लगती। लेकिन समर वेकेशंस में खूब मजा आता है। आपकी भी होती थी समर वेकेशन?" हे भगवान्! पहले वाक्य में इतनी बातें··मैंने धीरज धरते हुए कहा, "हाँ, होती थी। अब आगे पढ़ो—एक शेर का बच्चा जंगल में जामुन के पेड़ के नीचे सोया हुआ था।" "मम्मा, जंगल में भी जामुन का पेड़ होता है क्या?" "हाँ बेटा, इत्ता बड़ा वाला होता है।" मैंने दोनों हाथों से ब्रह्मांड बनाने का अभिनय किया। "कित्ता मजा आता होगा न। टप-टप जामुन गिरे, गप-गप खा लो। मम्मा, शायद लीची का पेड़ भी होगा।" पिंकू मास्टर का लीची प्रेम किसी से छिपा नहीं है। "होगा बेटा, जरूर होगा।" कहानी की दो लाइनों में इतने प्रश्न··अपनी खीझ को किसी तरह दबाया मैंने। आखिर कूल मॉम, सुपर

मॉम, स्मार्ट मॉम का टैग ऐसे ही थोड़े न मिल जाता है।

"मम्मा, नींद आ रही है।" मिस्टर नौटंकी ने मेरी गोदी में लुढ़कते हुए कहा। "अरे नहीं··अभी सो गया तो रतजगा करेगा। न बाबू न··रहम कर अपनी मम्मा पर।" मैंने लुढ़कते लाल को पकड़कर वापस बिठाते हुए रहस्य का चुग्गा डाला, "चलो, अब देखते हैं भालू आखिर फुटबॉल खेलता कैसे है।" उस चुग्गे के फुग्गे को फुस्स करते हुए पिंकूजी ने मेरी तरफ कातर निगाहें घुमाईं, "मम्मा, सू-सू।" उफ! इसी बात का डर था। "बस, पढ़ाई के समय सारी सू-सू याद आती है तुम्हें। जाओ, जल्दी होकर आओ।" मैं अधीर हो रही थी।

खैर-खैर, करते दुबारा बैठी कि मुझ निरपराध पर अभियोग लगाया गया, "मम्मा, आप मुझे प्यार नहीं करतीं।" हाय राम, अब क्या किया मैंने··तब तक कसूर भी पता चला, "आपने मुझे एक भी किस्सी नहीं दी।" "अले ले मेरे लाल, मेरे पीले, मेरे नीले, मेरे गुड्डे।" सारे संबोधनों का इस्तेमाल करते हुए मैंने ताबड़तोड़ दस-बारह किस्सी ठोंक दी उसके दोनों गालों पर, "देखो, कितना प्यार करती हैं मम्मा, अब आगे पढ़ो।" बोलते हुए मैं कहानी की चार लाइनें कूदकर फुटबॉल तक पहुँच गई, "देखो तो पिंकू बेटा, भालू ने शेर के बच्चे को फुटबॉल बनाकर उछाल दिया।" मैं मैदान में जुटी हुई थी। "मम्मा, कार्तिक कह रहा था उसके चाचा ने शेर पाला है। झुट्ठा कहीं का। शेर तो जंगल में रहता है। पालेंगे तो खा नहीं जाएगा।" "पता नहीं बेटा, अब आगे पढ़ो। हड़बड़ी में शेर का बच्चा···" "मम्मा, मैंने भी कह दिया है उसको, हमारे मामा ने तो शेर-चीता दोनों पाले हैं। आपसे पूछे तो कह देना पिंकू कभी झूठ नहीं बोलता।" वाह रे! मेरे सत्यवादी हरिश्चंद्र।

अपने भाई के घर शेर-चीते पले होने की कल्पना से ही मेरी हँसी छूट गई। कंट्रोल प्रिया··कंट्रोल। जरा सा हँसी, तो बाबू साहब सिर पे चढ़ जाएँगे।

"उफ पिंकू, कितनी बक-बक करते हो। एक घंटे से पढ़ा रही हूँ, आधा चैप्टर भी नहीं हुआ। हाँ, तो अब सुनो। शेर के बच्चे ने भालू से कहा, मुझे फिर से उछालो··· मैं स्पीड से कहानी खत्म कर रही थी कि फिर ब्रेक लगा, "मम्मा, आप भी उछालो न मुझे।"

इससे पहले कि मैं और झुंझलाती, दरवाजे की घंटी बजी, राजो थी। "भाभी, बरतन खाली कर दो।" बेमन से उठी, तभी पिंकू सरकार ने मनुहार की, "मम्मा, मैं छोटा भीम देख लूँ कुछ देर?" मरता क्या न करता, मुझे भी कई काम निपटाने थे, सो टी.वी. ऑन कर दिया।

टी.वी. चलते एक घंटा बीत चुका था। इस बीच मैंने घर में फैलाई गई सुनामी को समेटा, सब्जी काटी, आटा गूँथा, कपड़े तह किए, गोया कि खाली नहीं बैठी। इस पूरे वक्त पिंकू बाबू को कोई प्रश्न याद नहीं आया, सू-सू भी नहीं आई, प्यास भी नहीं लगी, नींद भी नहीं आई। एक जगह समाधिस्थ होकर आधा मुँह खोलकर बैठे पिंकू मास्टर परम शांत भाव से भीम और चुटकी में खोए हुए थे।

एक बात बताऊँ, इस नटखट की शरारतों से ही तो रौनक है घर में। सच कहूँ तो मुझे बड़े मीठे लगते हैं, उसके बेतुके सवाल, उसकी मासूम शरारतें और भोली चालाकियाँ। इस झुँझलाने में सारे जहाँ का सुकून है। इस होम में ये फेवरेट वर्क है मेरा। मैं बैठती हूँ, उसे होमवर्क कराने नहीं, बल्कि इन पलों को जीने के लिए। वे पल, जो शायद कल जीवन की आपाधापी में खो जाएँगे।

मुसकराकर मैंने पिंकू के गालों को चूम लिया। कुछ देर पहले मुझ पर 'किस्सी नहीं देती' का इल्जाम लगाने वाले बेटाजी ने अपने गालों को रगड़ कर पोंछा और फिर से आधा मुँह खोलकर उसी तन्मयता से टी.वी. देखने लगे।

□

प्रत्यारोपण

आज घर ही इतना खूबसूरत लग रहा था कि घर में रहनेवालों की बात ही क्या की जाए। रंग, खुशबू, खनक और रौनक से भरपूर मिताली का घर··· और हो भी क्यों न, घर की लाड़ली मिताली की सगाई जो थी। अपने माता-पिता की इकलौती संतान थी मिताली, जो आज से एक महीने बाद यही रंग और खुशबू बिखेरने विवाह करके जानेवाली थी आकाश के घर। आकाश का परिवार भी छोटा सा था। दिनेश, मालती और उनके दो बेटे—आकाश और अनंत।

मिताली को याद आ गई अपनी होनेवाली सासू-माँ की बात, "बेटी, जल्दी आओ, अपने घर ढेर सारे रंग लेकर। मैं तो थक गई हूँ घर में काले-सफेद-भूरे पैंट शर्ट देखकर। मुझे बहुत तंग करते हैं, ये तीनों। तुम आओगी तो हम दोनों अपना गुट बनाएँगे, तब देखती हूँ, ये तीनों कैसे हम दोनों से जीतते हैं।" मिताली अभिभूत हो उठी थी, इस अपनत्व भरे आमंत्रण से। उसकी होनेवाली ससुराल में सभी बहुत अच्छे, मिलनसार और खुले स्वभाव के थे। आकाश कुछ शांत स्वभाव का था, पर उसके ससुर दिनेशजी और देवर अनंत बेहद मजाकिया और बहते झरने की तरह उन्मुक्त थे। मिताली से चुटकियाँ लेने में दोनों एक-दूसरे से होड़ लेते। अनंत मिताली से उम्र में बड़ा था, तो खूब चिढ़ाता, "सुनो मैडम, मैं तुमको मिताली ही कहूँगा, भाभी नहीं, और हाँ, किसी का ध्यान रखो न रखो···बंदे के खाने-पीने में कोई कमी न होने पाए, समझी न।" ऊपर से तो मिताली इन बातों पर हँसती थी, पर भीतर से भीग-भीग जाती थी, इस अपनेपन और दुलार से···मुझसे सौभाग्यशाली कोई और होगी क्या···सच तो ये था कि इन कुछ दिनों में उसे खुद भी अपने ससुराल वालों से बहुत लगाव हो गया था। अब वह सज-सँवर के बैठी इंतजार कर रही थी, अपनी उँगली में आकाश के नाम की अँगूठी पहनने का।

सहसा माँ की आवाज सुनकर मिताली मानो नींद से जागी। चारों तरफ

देखा। आज घर कितना उजड़ा और श्रीहीन लग रहा था। सहमा हुआ, मानो अपने अस्तित्व से ही डर रहा हो। पंद्रह दिन बीत गए उस हादसे को, पर मिताली को लगता है, वह तूफान अभी-अभी उसकी जिंदगी से गुजरा है। उसे याद है, इंतजार को चीरती फोन की वह घंटी··· दिनेशजी की काँपती हुई आवाज···"भाई साहब···" और वह फूट-फूटकर रोने लगे। रोते हुए टुकड़ों-टुकड़ों में उन्होंने जो बताया, वह किसी वज्रपात से कम नहीं था सबके लिए। सगाई के लिए निकलने से पहले आकाश मिताली के लिए एक फूलों का गुलदस्ता लेने गया था, तभी एक बेकाबू ट्रक पूरे परिवार की खुशियों को रौंदता हुआ आकाश को क्षत-विक्षत करता हुआ चला गया। आकाश की साँसें वहीं थम गईं। सुंदर, सौम्य, सलोना आकाश एक ट्रक के क्रूर पहियों के नीचे आकर पता नहीं कहाँ चला गया।

वज्रपात···बहुत छोटा सा शब्द था, इस दिल दहलाने वाली घटना के लिए। रंग और खुशबू से भरा घर···सजी-सँवरी मिताली···हँसते-खिलखिलाते···माता-पिता—सब हतप्रभ और संज्ञाशून्य से बैठे रह गए। अभी कुछ देर पहले ही तो आकाश ने मिताली को फोन करके बताया था कि वे उसकी पसंद के फूल लेने जा रहा है। सगाई की अँगूठी फूलों से सजी थाली के बीच में रखी थी, फल-मिठाइयाँ और उपहार पैक करके रखे थे, मंगल-गीत गाए जाने के लिए ढोलक भी लाकर रखी हुई थी, मेहमान भी थे, और उन सब के बीच पत्थर की शिला सी मिताली थी···वह मिताली, जो अभी तक गुलाबी रंग के खूबसूरत लहँगे में सजी गुलाबी सपनों की दुनिया में विचर रही थी···चूड़ियों की खनक में अपने भविष्य का संगीत सुन रही थी···अचानक क्रूर नियति ने उसे उस सपनीली दुनिया से उठाकर किसी अँधेरी गुफा में फेंक दिया था। ये सच नहीं हो सकता···ऐसे कोई जाता है क्या भला।

इधर मिताली एकदम जड़ हो गई थी, उधर उसके माता-पिता का रो-रोकर बुरा हाल था। जिस वक्त घर को हँसी-ठहाकों और मंगल-गीतों से गुलजार होना था, उस वक्त ये रुंदन, ये क्रंदन···पाहुने की प्रतीक्षारत वह घर भी सहम गया था। लोगों में कानाफूसी शुरू हो गई थी मिताली के अपशकुनी होने को लेकर···अपशकुनी नहीं तो क्या है भला, माता-पिता का लाड़ला बेटा सगाई के दिन काल-कवलित हो गया। पिता के कंधों पर औलाद का शव···दुनिया में इससे भारी और कोई वजन नहीं, और आज मिताली ही वजह है, इस वजन की। जितने मुँह उतनी बातें होने लगीं। मिताली के माता-पिता बेटी की हालत देखकर काँप उठे। आकाश के लिए रोएँ, उसके माता-पिता के लिए···या अपनी मिताली के लिए। ये क्या हो

गया। ईश्वर को जरा भी दया नहीं आई। अब मिताली की जिंदगी का क्या होगा।

उस हादसे के बाद मिताली और उसके माता-पिता ने कैसे हिम्मत जुटाई आकाश के घर जाने की, ये उनका दिल ही जानता था। आकाश के घर की दहलीज पर कदम रखते ही मिताली के पैर काँपने लगे। इसी दहलीज पर उसे महावर वाले पैरों से कलश गिराकर प्रवेश करना था। क्या-से-क्या हो गया। नरेश, मालती और अनंत की ओर देखा तो मिताली को महसूस हुआ कि उन सब के पहाड़ जैसे दुःख के आगे उसका दुःख बहुत कम है। किसी तरह उन्हें सांत्वना देकर अपने घर पहुँची और खुद को एक कमरे में समेट लिया।

मिताली को देखकर उसके माता-पिता का कलेजा मुँह को आता था। जिस तरह से उसकी आँखें वीरान हो गई थीं, लगता था इनमें हमेशा के लिए पतझड़ ने बसेरा कर लिया है। सारा घर उजाड़-बियाबान सा हो गया था। इस सदमे से उबरना सबके लिए बहुत मुश्किल था। हादसे के पंद्रह दिन बाद भी जख्म उतना ही ताजा था। आज दो मार्च है। आकाश को गए पंद्रह दिन बीत गए। सत्रह मार्च को विवाह की तिथि थी। कैलेंडर में छपी सत्रह मार्च की तारीख देखकर सब एक-दूसरे से नजरें चुराया करते हैं।

अचानक दरवाजे की घंटी बजी। आगंतुकों को देखकर सभी हतप्रभ रह गए। अनंत, नरेश और मालती! यहाँ··· अचानक। मालती बहुत देर तक मिताली को गले लगाकर रोती रही। तभी नरेशजी बोले, "आगे क्या सोचा है भाई साहब?" मिताली के पिता कुछ समझ नहीं पाए, "क्या कहूँ नरेशजी, हम सबका जीवन अचानक ही बहुत पीछे चला गया है। इस सदमे से उबरने में जाने कितना वक्त लगेगा। मिताली को लगता है कि उससे जुड़ने के कारण ही ईश्वर ने आकाश को हम सब से दूर कर दिया। वह खुद को आप सबका गुनहगार मानती है। कहती है आप सबका सामना करने की हिम्मत नहीं है उसमें। उसका जीवन कौन सी दिशा लेगा, ये कौन जाने।" मालती बोली, "भाई साहब, जो हुआ उसमें मिताली का क्या दोष था भला? मिताली केवल हमारे आकाश की होनेवाली पत्नी ही नहीं, हमारे घर की होनेवाली बहू भी थी। हम सबने उसके साथ आनेवाले जीवन को लेकर ढेर सारे सपने देखे थे। मिताली आएगी तो ये करेंगे, मिताली आएगी तो वो करेंगे। तुम वहाँ आने से पहले ही उस घर का हिस्सा बन चुकी थी बेटा। हम सबने तुमसे अपना रिश्ता जोड़ लिया था, और अब डर लगता है बेटा कि आकाश के न रहने से तुम भी हम सबकी जिंदगी से दूर हो जाओगी।" मालती और नरेश की आँखें आँसुओं से तर-बतर थीं

और मिताली के माता-पिता उनकी बातों का आशय नहीं समझ पा रहे थे, तभी नरेशजी की गंभीर आवाज गूँजी, "अब भी हमारे घर की बहू बनोगी मिताली?"

"क्या कह रहे हैं भाई साहब," मिताली के माता-पिता को अपने कानों पर विश्वास नहीं हुआ। सपना तो नहीं देख रहे हैं वे?

"नहीं भाई साहब, मिताली हमारी जिंदगी का हिस्सा बन चुकी है अब, वह आए तो शायद घर फिर से जी उठे। बोलो बेटा, ये हमारी इच्छा है, पर आखिरी फैसला तुम्हारा और तुम्हारे माता-पिता का होगा। मेरे अनंत की जीवन-संगिनी बनोगी?"

मिताली के कानों में हथौड़े से बरस रहे थे। "नहीं अंकल-आंटी, मैं तो आकाश को ही अपना पति मान चुकी थी। उस रिश्ते को जीवन भर निभा सकती हूँ, पर मुझसे ये करने को मत कहिए। मैं ऐसा सोच भी नहीं सकती। अनंत, आपने कैसे हामी भर दी इसके लिए, अभी तो आकाश की चिता की राख भी ठंडी नहीं हुई।" मिताली फूट-फूटकर रोने लगी। सभी स्तब्ध खड़े थे। किसी को विश्वास नहीं हो रहा था कि नरेश और मालती उसी लड़की को अपने घर की बहू बनाना चाह रहे हैं, जिस पर अपशकुनी होने का ठप्पा लग चुका है। तभी अनंत बोला, "मिताली, जब माँ-पापा ने मुझसे ये कहा तो मुझे भी ऐसा ही झटका लगा था, जैसा तुम्हें लगा है। भले ही तुम मुझसे उम्र में छोटी हो, पर मैंने तुम्हें आकाश की पत्नी के रूप में ही देखा है। अपनी होनेवाली भाभी को अपनी पत्नी बनाने के बारे में सोचूँ, ऐसा भाई नहीं हूँ मैं। आकाश के जाने से हम सब की जिंदगी में जो खालीपन आ गया है, उसे भरना इस जन्म में तो संभव नहीं। पर हम सब जानते हैं कि इस विवाह से सिर्फ तुम और आकाश ही नहीं, हमारे परिवार भी अटूट बंधन में बँध रहे थे। तुमने हमारे घर में एक बेटी की कमी पूरी कर दी थी, और अब माँ-पापा को खुद को तुमसे जोड़े रखने का यही तरीका नजर आया। मैं जानता हूँ, जो रिश्ता हममें बना था उसे मिटाकर नए रिश्ते की इबारत लिखने के लिए बहुत धैर्य, स्नेह और आपसी संबल की आवश्यकता होगी। हम सब कोशिश करेंगे एक-दूसरे का सहारा बनने की। धीरे-धीरे शायद एक-दूसरे को पति-पत्नी की तरह देखना भी सीख जाएँ। कोई बंधन नहीं है मिताली। ठीक से सोच-समझकर ही फैसला लेना।"

ठगे से खड़े थे मिताली के माता-पिता। ये किस सदी के लोग हैं। कितना बड़ा और निश्छल है, इनका मन। जाने किन-किन लोगों ने मेरे बेटी को अपशकुनी कहा, पर जिनके घर पर ये वज्रपात हुआ, वे ऐसा नहीं समझते। एकाएक मिताली के पिता

ने नरेशजी को गले से लगा लिया, "भाई साहब, हम सचमुच विश्वास नहीं कर पा रहे हैं कि आप जैसे लोग भी दुनिया में हैं। अगर मिताली का विवाह अनंत से होता है तो मेरे लिए सबसे बड़े सौभाग्य की बात ये होगी कि मिताली इतने अच्छे परिवार का हिस्सा बन रही है।"

"लेकिन भाई साहब, मिताली को ये फैसला खुद लेने दीजिएगा। उसने भी अपना होनेवाला जीवनसाथी खोया है। मिताली बेटा, तुम जो भी फैसला करो, हम तुम्हारे साथ हैं।" मालती ने कहा।

बहुत सोचने और सबका मुँह देखने के बाद मिताली ने हामी भर दी। विवाह तय दिन पर सत्रह मार्च को ही बेहद सादगी से हुआ। उस दिन सबके मन में भावनाओं का ज्वार उमड़ रहा था। एक पल ने जिंदगी को क्या से क्या बना दिया था, रिश्तों के मायने बदल गए थे।

होनेवाले देवर-भाभी से हो चुके पति-पत्नी का सफर तय करना अनंत और मिताली दोनों के लिए बहुत मुश्किल था। एक रिश्ते पर दूसरे रिश्ते का प्रत्यारोपण आसान नहीं था। पर आकाश के आशीर्वाद और दोनों के परिवार के प्यार तथा अपनत्व ने धीरे-धीरे इस मुश्किल को आसान करके मिताली और अनंत को नए रिश्ते में बाँध ही दिया।

वक्त लगा इस सफर में, वक्त लगना ही था। आखिर प्रत्यारोपित अंग को अपनाने में शरीर वक्त लेता ही है।

□

संप्रेषण

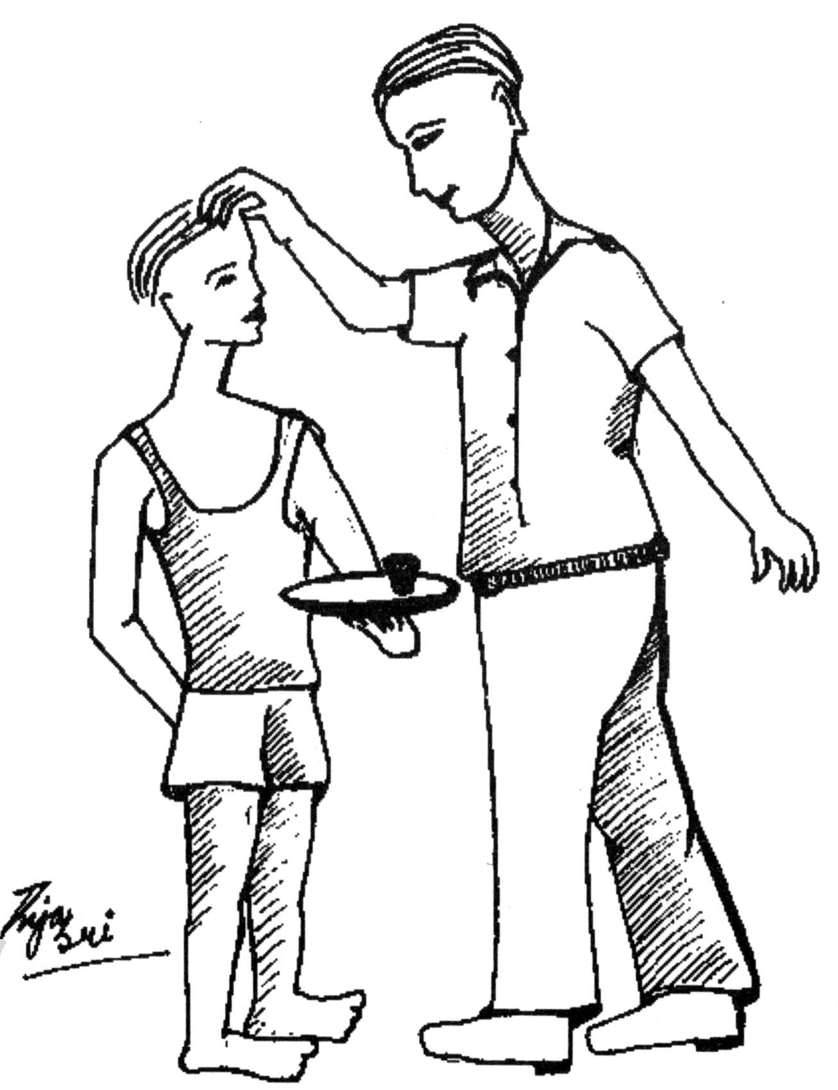

"छोटू, ओए छोटू, साहब के लिए फर्स्ट क्लास गरम चाय और आलू पराँठा ला फटाफट।"

मैंने नजर उठाकर देखा, गंदुमी रंग का वह लड़का...छोटू निकर-बनियान पहने निर्लिप्त भाव से मेज साफ कर रहा था।

पता नहीं क्या था उसके चेहरे में, मेरा मन उसकी ओर खिंचने लगा। होता है न, कभी-कभी किसी के साथ सारी जिंदगी बिताकर नेह का एक भी रेशा नहीं जुड़ पाता, और कोई एक झलक में अपना लगने लगता है। मैं सोचने लगा, इसका नाम छोटू तो यकीनन नहीं होगा। जब जनमा होगा, इसकी माँ ने बड़े दुलार से इसका कोई नाम रखा होगा। लोरियाँ गाकर सुलाया होगा। नजर से बचने को डिठौना भी लगाया होगा। कौन होगी इसकी माँ? होगी भी या नहीं।

मैं हैरान था, क्यों इतना सोच रहा था उसके बारे में। ऐसा तो कुछ नहीं था उसमें। निहायत बेतरतीब और नामालूम सा लड़का था। फिर वह कौन सा चुंबक था, जो मुझे उससे नजरें नहीं हटाने दे रहा था। ढीठ बच्चे की मानिंद मेरा मन एक ही बात पर अटका हुआ था—"नाम क्या होगा इसका।"

अभी मेरा चाय-पराँठा आया नहीं था। ढाबे पर कई कस्टमर थे, इसलिए वक्त लग रहा था शायद। 'ओए छोटू' की हर पुकार पर फिरकी की तरह दौड़ रहा था वह। मुझे उलझन होने लगी। जिसे जानता नहीं, जिसे जानना नहीं, उसके नाम के लिए इतनी बेचैनी क्यों। अभी चाय पीकर निकल जाऊँगा। सोचने को और भी बहुत कुछ है। सार्थक के लिए एक बढ़िया सा क्रिकेट किट लेना है, नहीं तो मुँह फुला कर बैठ जाएगा। वैसे क्रिकेट काफी अच्छा खेलता है वह। इस बार पक्का उसका एडमिशन किसी बढ़िया अकादमी में करवाना है। किट पाकर कहेगा, "पापा, आप दुनिया के बेस्ट पापा हैं।" मैं मुसकराकर मोबाइल में उसकी तसवीर देखने लगा।

"साब आपका चाय-पराँठा" निर्विकार भाव से वह मेरे सामने खड़ा था।

मैं रोक नहीं पाया खुद को। "तुम्हारा नाम क्या है बेटा," मैंने जितनी नरमी से पूछा उतना ही खुरदुरा जवाब मिला, "छोटू साब। और कुछ चाहिए तो बोलो?" उस चेहरे पर साफ दर्ज था कि उसे मेरे सवाल से कोई सरोकार नहीं।

उसके लहजे से मैं खुद को हारा हुआ और खिन्न महसूस करने लगा। शायद मेरे स्वर के अपनेपन में तरस घुला हुआ था। एक झीना सा अहम् था कि उस बेचारे दु:खी लड़के से प्यार के दो लफ्ज बोलूँगा तो वह पिघल उठेगा, मुसकरा देगा। पर उसके छोटेपन ने मेरे बड़प्पन को ठुकरा दिया था। मैं मुँह घुमाकर पराँठा निगलने लगा।

मैं अपनी सोच में खोया था, तभी दो आवाजें गूँजीं, एक छन्न से काँच का कप गिरने की और दूसरी मालिक के झन्नाटेदार थप्पड़ की। छोटू अभी भी वैसे ही निर्विकार खड़ा था, हाथ से गाल को सहलाते हुए। आँखें आँसुओं से लबालब भरी थीं। असहायता और आक्रोश के आँसू। इतने ग्राहकों के बीच में ये अपमान। मेरा मन पिघलने लगा। जब मुझे ऐसा लग रहा है तो वह कैसा महसूस कर रहा होगा।

मेरे मोबाइल पर सार्थक की तसवीर खुली हुई थी। किसी प्रतियोगिता में जीतने पर कप उठाए गर्व से खड़ा था। मेरे सामने छोटू जूठे कप के टूटे टुकड़े समेट रहा था। आँसू बहकर गालों तक आ गए थे। मैं सिहर उठा, सार्थक-छोटू, छोटू-सार्थक—दोनों चेहरे गड्डमड्ड हो रहे थे। सहसा जाने क्या आया मन में, मैंने जाकर मालिक का हाथ पकड़ लिया, "जाने दीजिए भाई साहब, हो जाता है कभी-कभी। आप कप के पैसे मेरे बिल में जोड़ दीजिएगा।" छोटू की ओर नजर पड़ी। कुछ अटकता हुआ महसूस हुआ गले में। न चाहते हुए भी आँखें भर आईं। इस बच्चे में सार्थक क्यों नजर आ रहा था मुझको।

"साब बिल," छोटू खड़ा था मेरे सामने डबडबाई आँखें लिये। बिल के पैसे तो चुका दिए मैंने। कप के पैसे भी बिल के साथ दे दिए। पर मन अभी भी भारी था। लग रहा था जैसे कुछ छूट रहा है।

पता नहीं क्या हुआ मुझे उस एक पल में, मैंने उँगलियों की कंघी बनाकर उसके बाल सँवार दिए, और हथेलियों से उसका मुँह पोंछ दिया। "मैं कल फिर आऊँगा बेटा, तुमसे मिलने।" कहकर जैसे ही मुड़ा, एक मीठी प्यारी सी आवाज आई, "साब, अम्मा ने हमारा बड़ा अच्छा नाम रक्खा था—रितिक, रितिक रोशन वाला।"

मैंने पलटकर देखा, उसकी आँखें अभी भी गीली थीं, पर होंठ मुसकरा रहे थे।

□

मियाँ गुमसुम और बत्तो रानी

देखिए जी, हम आप सबको पहले ही बताए देते हैं, अगर हमारी इस दास्तान का मजमून 'मियाँ गुमसुम और बत्तो रानी' पढ़कर आपके चेहरे पर तनिक भी मुसकान आई हो, तो रोक लीजिएगा, क्योंकि मसला निहायत ही संजीदा है। फिर न कहिएगा कि लवली, तुमने पहले क्यों नहीं बताया।

क्या कहा, कौन लवली? अजी हम, और कौन। इस दास्तान की बत्तो रानी। वो क्या है न कि जब हम छोटे थे तो टी.वी. पर एक कठपुतली वाला प्रोग्राम आता था 'मियाँ गुमसुम और बत्तो रानी'। अब चूँकि हम ठहरे ऐसे इनसान (?), जो हवा और दीवारों से भी बातें कर लें, चुप रहने के नाम से जिसकी रूह फना होती थी, तो हमने खुद ही अपने आप को बत्तो रानी का नाम दे डाला। और साहब, ऊपर वाले का करम देखिए, उसने जिन्हें हमारा हमसफर बनाकर भेजा, उनसे मिलकर ऐसा लगा जैसे बचपन के बिछड़े मियाँ गुमसुम से मुलाकात हो गई।

अरे नहीं, वैसे वे इतने भी गुमसुम नहीं। बस ऐसा है कि इतने शांत, जहीन और धीमी आवाज में बात करनेवाले हैं कि सारे रिश्तेदार, दोस्त और पड़ोसी तारीफ करते नहीं थकते···खुशनसीब हो लवली, इतने अच्छे पति हैं तुम्हारे। कभी जोर से कुछ नहीं कहते तुमको। जहाँ कहती हो चल देते हैं, जो कहती हो दे देते हैं। शॉपिंग में कभी जल्दबाजी नहीं मचाते, वरना हमारे उनको देखो तो आज इस बात पर गरम, तो कल उस बात पर मुँह फुला लेंगे। कहीं जाने को कहो तो सौ नखरे, और उनके साथ शॉपिंग···न बाबा न।

सच तो कहते हैं सब, इतना अच्छा हमसफर किसको नसीब होता है भला? यह बात अलग है कि वे इतने सज्जन हैं कि उनके हिस्से का गुस्सा, चीखना-चिल्लाना भी हमें ही करना पड़ता है। आखिर वे मियाँ-बीवी ही क्या, जिनमें कोई नोंक-झोंक न हो, और हम मियाँ-बीवी हैं, ये जताने के लिए वे तो कोई झगड़ा,

मान-मनौवल, नोंक-झोंक करते नहीं, तो जिंदगी को चटपटा बनाने के लिए अपने रोजमर्रा के कामों के साथ ये एक्सट्रा काम भी हमें अकेले ही करना पड़ता है। वे तो हर बात में एडजस्ट कर लेते हैं। वे कोई और लोग होते होंगे, जिनका वक्त या तो कटता नहीं, या उनके पास वक्त होता नहीं। हमारे सरकार तो इस 'काटने' और 'होने' से बहुत ऊपर हैं। लगता है वक्त ने खुद ही उनसे कह रखा है, 'आप हमारी चिंता न करें जनाब, हम खुद ही कट जाया करेंगे।'

और एक हम हैं, जो बड़ी जल्दी बोर होने लगते हैं। ऊबकर कभी कह बैठते हैं, "कुछ हमसे भी बात कर लिया कीजिए कभी-कभी।" तो हमारे मियाँ गुमसुम बिल्कुल आज्ञाकारी पति की तरह फरमाते हैं, "हाँ, तो करो बात, क्या बात करनी है।" ओफ्फो! हद हो गई। उनके पास कोई बात ही नहीं है करने को। हाय, इस सादगी पर कौन न मर जाए भला।

जिन बातों पे हम गला फाड़-फाड़ के हँसते हैं, उनपे वे मुसकरा दिया करते हैं, वे भी हमारे कहने से। उफ! वो कातिलाना मुसकान! वो अदा! हर बात में सलीका। एक हम ठहरे, या तो ठहाके लगाकर हँसेंगे, या आँसू ढुलका-ढुलका के रोएँगे, नहीं तो चीख-चीख के शब्द-बाण चलाएँगे। गरज ये कि हर काम सप्तम सुर में करेंगे। रोज सोचते हैं, अब जरा संजीदा हो जाएँगे, पर हो ही नहीं पाता।

एक बात और बताएँ, कई बार बड़ी इच्छा होती थी कि हम रूठें, और वे मनाएँ। कोशिश भी की। पहले से सोचकर रखते थे कि एक बार में तो नहीं मानेंगे हम। जरा स्टाइल दिखाएँगे। रूठे भी, जब मनाया नहीं गया तो अल्टिमेटम भी दिया कि फलाना काम आपका आज से नहीं करेंगे हम। उधर से बड़ा सादा सा जवाब आया कि अच्छा रहने दो, हम कर लेंगे। ये अलग बात है कि हमें ही करना पड़ा। वैसे भी, रूठने के लिए कुछ छोटे-मोटे झगड़े तो जरूरी हैं न, पर हमारे साहब से झगड़ा करना मतलब हवा में झाड़ू मारना। कुछ असर होनेवाला नहीं। तो खुद ही लड़ लो, खुद ही रूठ लो और खुद ही मान भी जाओ। हाँ भई, उनकी जिंदगी तो हमारे रूठने पर भी बदस्तूर चलती रहती है। हम ही बेगैरतों की तरह बिना मनाए मान जाया करते हैं। वे मना लें, ये हसीन ख्वाब इस जन्म में तो पूरा होने से रहा। एक बार कहीं जाते समय गाड़ी में एफ एम पर गाना आने लगा, 'तुम रूठी रहो, मैं मनाता रहूँ कि इन अदाओं पे और प्यार आता है।' सच कहते हैं, हँसी रुक नहीं रही थी, और हैरत ये कि हमारे सरकार भी मंद-मंद मुसकरा रहे थे।

तो ऐसी है हम मियाँ गुमसुम और बत्तो रानी की जोड़ी। दीवारों से भी बातें

करनेवाली बत्तो रानी की ये दास्तान सुनकर आ गए न आँसू आपकी आँखों में। हमने शुरू में ही कहा था, ये बेहद संजीदा मसला है, हँसने की बात नहीं।

लेकिन एक बात सच-सच बताएँ, कसम से...हमारे लिए तो हमारे मियाँ गुमसुम ही साहिब-ए-आलम हैं। उन्हें पता है कि वही हमारा पंचिंग बैग हैं, जहाँ हम जमाने भर की सारी झुंझलाहट निकाल सकते हैं, अपना मन हलका कर सकते हैं। आप सबसे दरख्वास्त है कि अगर कभी आप उनसे मिलें तो हमारा ये संदेसा उन तक जरूर पहुँचा दीजिएगा कि हम भी उनके पंचिंग बैग बनना चाहते हैं, जिसके सामने वे अपनी सारी खुशियाँ, तकलीफें और गिले-शिकवे बिना किसी अदब-ओ-लिहाज के निहायत बेबाक तरीके से जाहिर कर सकते हैं, और जब चाहें तब बिंदास तरीके से ठहाके लगाकर हँस सकते हैं। हम तैयार बैठे हैं, सुनने के लिए बस वे कुछ कहें तो।

क्या कहा आपने...आपके घर में भी हू-ब-हू ऐसी ही जोड़ी है...मियाँ गुमसुम और बत्तो रानी वाली...हे भगवान्!

□

बड़की-छुटकी वर्सेस शुभदा देवी

"बस, नौ बजे और चल दीं हमारी बड़ी सैंडल खटखटाते, पर्स झुलाते। घर गया चूल्हे-भाड़ में।" सासूजी रोज की तरह सरौते से सुपारी को कुतर रही थीं और जबान से बड़ी, यानी बड़ी बहू को।

अरे, पहले पात्रों का परिचय तो करा दूँ। ससुरजी अरूप मुखर्जी, सासूजी शुभदा मुखर्जी, बड़ी बहू आनंदिता और छोटी बहू देवयानी। आनंदिता नौकरी करती है और देवयानी गृहिणी है। ठहरिए-ठहरिए, कोई मजबूरी नहीं है। गृहिणी होना देवयानी को पसंद है और उसे नौकरी में कोई रुचि नहीं। क्या कहा, बहुओं के नाम बड़े लंबे-लंबे हैं। अजी, मैं तो नाम रखना ही नहीं चाहती थी, पर बहुओं ने जिद पकड़ ली, कहानी को तुम घुमाओगी अपने ही तरीके से, कम-से-कम हमारे मन का नाम तो रखो। लेकिन सुविधा के लिए अब हम इन्हें बड़की और छुटकी कहेंगे।

तो जी, ये हैं कहानी के पात्र। इनमें बड़की-छुटकी के दूल्हाजी भी हैं, पर उन दोनों लल्लाजी को आप नेपथ्य में रखिए, क्योंकि उन्होंने हमसे पहले ही कह दिया था, देखो जी, कहानी में सास-ससुर और बहुएँ हैं तो बेटे भी होने ही चाहिए। बस इतना ही रोल रखो हमारा। हम दफ्तर जाया करते हैं। देश दुनिया की जिम्मेदारी उठाए हुए हैं, अपने कंधों पर। आपकी कहानी के हिसाब से नाचते फिरने की फुरसत नहीं हमको।

हाँ, तो मैं बता रही थी कि सासू माँ बदस्तूर जारी थीं। ससुरजी, यानी अरूप मुखर्जी हमेशा की तरह समझा रहे थे, "अरे, वह घर चलाने के लिए ही तो काम करती है। सुबह-शाम छोटी का हाथ जितना हो सकता है बँटाती है, दिन भर ऑफिस में खटती है, फिर भी तुम्हारे श्रीमुख से तारीफ के दो बोल नहीं फूटते। मैं हमेशा कहता हूँ, हमारी दोनों बहुएँ बहुत गुणी और संस्कारी हैं। दोनों को बराबर मान दो, वरना घर में कलह होते देर नहीं लगेगी।"

"हाँ-हाँ, ये तो खूब कही तुमने। घर सँभाले छोटी, दिन-रात काम करे छोटी, और मैं भजन गाऊँ बड़ी के। मुँह धो रखो जी अपना।" शुभदा देवी पान चबाते हुए उठ खड़ी हुईं। हाँ जी, हाँ, आपने सही सुना। दुनिया में ऐसी सास भी होती हैं, जो अपनी गृहिणी बहू के काम की तारीफ किया करती हैं, पड़ोसनों से भी और रिश्तेदारों से भी। ऐसी सासों में से एक हैं शुभदा देवी।

मुखर्जी निवास में ये रोज की लीला थी। छुटकी हीरा है और बड़की कोयला, बात-बात पे ये जताते रहना सासू माँ का प्रिय काम था। लेकिन अगर आप ये समझ रहे हैं कि इस वजह से बहुओं में कोई मनमुटाव होता था तो साहब, आप सरासर गलत हैं। बहुओं में तो इतना बहनापा था कि पूछिए मत। वो क्या कहते हैं··· गुड़-चींटे की तरह घुली-मिली थीं दोनों। जानती थीं, सासू माँ का रोज का खटराग है। अपना जी क्यों जलाना। बड़की छुटकी के लिए पैसे खर्च करने में जितनी दरियादिल, छुटकी-बड़की की सुख-सुविधा, खान-पान का ध्यान रखने में उतनी ही सजग। दोनों की अपनी खुशनुमा दुनिया थी। जब फुरसत पातीं, दोनों सिर जोड़े गप्पें लगाती रहतीं।

न जी, न, सासू माँ दिल की बुरी नही थीं। बस ऐसा है कि दिन भर जो दिखती थी, काम भी तो वे उसी का देख पाती थीं। छुटकी दिन भर घर के कामों में लगी रहती। सबको गरम-गरम खाना खिलाती, सबकी हर जरूरत का ध्यान रखती। बड़की आँखों से ओझल, तो उसका काम भी ओझल। अरे, दफ्तर में कुरसी पर पैर पसारकर चपरासी और मातहतों पर हुकुम चलाने में कैसी थकान। पर अपने दफ्तर में वही हुकुम चला के अम्मा के राजकुमार बेटे थक जाया करते थे। रात का खाना दोनों बहुएँ हँसते-बोलते मिलकर बनातीं। ये वक्त बड़की-छुटकी का फेवरेट था। दोनों की थकान दूर करने का मूल मंत्र था एक-दूसरे से गप्पें लगाना, फुस-फुस करना और बेमतलब की हा-हा, ही- ही। सासू माँ कुढ़ती रहतीं, बड़की-छुटकी, दोनों हँसती रहतीं।

मैं पढ़ती हूँ कहानियों में, ऐसी सासों का भी हृदय परिवर्तन होता है। तो मुझे लगा, जिंदगी ऐसे थोड़े ही कटेगी। शुभदा देवी का भी हृदय परिवर्तन करवाना चाहिए। पर वे तो अड़ी हुई थीं जी। कहने लगीं, कहानियों में हृदय परिवर्तन तभी होता है, जब कोई बड़ी घटना होती है, मसलन सासूजी बहुत बीमार पड़ें, और जिसे वे नालायक समझती आई हैं, वे बहू जी-जान से उनकी सेवा करें। अपने मायके से मिले गहने गिरवी रख दे इलाज के लिए। साबित करे कि वह नालायक नहीं।

अब शुभदा देवी ठहरीं हट्टी-कट्टी सेहतमंद, बीमार पड़ें उनके दुश्मन। तो जी, न नौ मन तेल होगा, न राधा नाचेगी। मतलब, ऐसे तो न उनका हृदय परिवर्तन होगा, न वे दोनों बहुओं को बराबर मान देंगी। अब ऐसे में मेरा दिल तो नहीं चाहता कि कोई बड़ी घटना घटे। लेकिन दिमाग चाह रहा था कि कुछ ऐसा हो जाए, जिससे शुभदा देवी दोनों का बराबर मोल समझें, और दोनों बहुएँ गाना गाएँ, "सौ-सौ साल जियो हमारी सासूजी।"

ये बड़ी घटना अब घटेगी, तब घटेगी, कब घटेगी, इसी इंतजार में थी मैं। मना रही थी, ईश्वर, कोई अनर्थ न कर बैठना। बुखार-वुखार में ही हृदय परिवर्तन करवा देना।

'ओम शांति ओम' में शाहरुख मियाँ ने फरमाया था, "अगर किसी चीज को दिल से चाहो, तो पूरी कायनात तुम्हें उससे मिलाने में जुट जाती है।" हमारे लिए ही कहा था शायद, तभी तो, घटना घटने की सोच ही रही थी कि हंगामा हो गया। पता चला ससुरजी, यानी अरूप बाबू सीढ़ियों से गिर गए हैं। दोनों लल्लाजी बाई चांस शहर से बाहर। बड़की दफ्तर के लिए तैयार हो रही थी कि ये हादसा हो गया। ये क्या हो गया···सबके हाथ-पाँव फूल गए। शुभदा देवी तो जोर-जोर से रोने लगीं। ऐसे में हमारी बड़की ने कमान सँभाली, टैक्सी बुक की और सास-ससुर को लेकर भागी हॉस्पिटल। हाथ में फ्रैक्चर हो गया था और गिरने से सीने में भी काफी दर्द हो रहा था। अरूप बाबू को एडमिट करवाने से लेकर दवाएँ लाने, डॉक्टर से बात करने, ए.टी.एम. से पैसे निकालने, सारे टेस्ट करवाने···हर काम में चपलता से लगी थी बड़की। शुभदा देवी देख रही थीं टुकुर-टुकुर। बड़ी तेजतर्रार है ये बहू तो। ये न होती तो कैसे सँभलता सबकुछ। बड़की के बारे में बहुत गलत राय बना रखी थी उन्होंने। उनके बैठे-बैठे ही सब काम होता जा रहा है। बड़की ने हॉस्पिटल में मोर्चा सँभाल रखा था, छुटकी घर देख रही थी।

आज बड़की अरूप बाबू को घर वापस ले आई है। शुभदा देवी भी आज ही लौटी हैं उनके साथ। पूरे तीन दिन हॉस्पिटल में रहीं। मैं शुभदा देवी की हर भाव-भंगिमा पर बारीकी से नजर रख रही थी। आज वे बड़की को रोज वाले आशीर्वचन नहीं सुना रही थीं। ऊपर वाले, तेरा लाख-लाख शुक्र है। दोनों बहुओं को बराबर तो समझा सासू माँ ने। अब बड़की को रोज-रोज वो खटराग नहीं सुनना पड़ेगा।

परम संतुष्ट भाव से 'आपकी अपनी, हर्षाश्री' लिखकर मैं कहानी का समापन करने ही वाली थी कि मेरे सारे अनुमानों को चूल्हे में फेंकते हुए आवाज आई, "मैं

न कहती थी, हमारी बड़की हीरा है, हीरा। सबकुछ आता है इसको। ऐसी लक्ष्मी बहू सबको मिले। देख छुटकी, कुछ सीख अपनी जेठानी से। पर तुझे रसोई में घुसे रहने से फुरसत मिले, तब न।"

ये क्या सुन रही हूँ मैं। ऐसा भयंकर हृदय परिवर्तन।

कुछ पल के लिए सन्नाटा छा गया, फिर समवेत ठहाका गूँजा···ससुरजी का, बड़की का, और सबसे तेज···अपनी रसोई घुस्सू छुटकी का।

□

शीशम की अलमारी

"सुनो, आज फर्नीचर मार्केट गई थी। एक बड़ी प्यारी सी अलमारी देखी। बस समझो दिल में उतर गई। दिला दो न प्लीज। तुम्हारा सामान रखूँगी उसमें।" मेघा ने अनुनय के स्वर में कहा।

अनुज जानता था, कई दिनों से मेघा के मन में एक नए डिजाइन की अलमारी की ललक जगी हुई है। "लेकिन मेघा, ये अलमारी तो बड़ी महँगी होगी और हमारे घर में है तो वो माँ की शीशम की लकड़ी वाली अलमारी। उसी में सजा लो न सामान।" अनुज ने समझाने का प्रयास किया। मेघा बच्चों की तरह किलक उठी, "वही तो, वही तो। हम वो शीशम वाली अलमारी बेच देते हैं। जो पैसे मिलेंगे, उनमें कुछ मिलाकर नई ले लेंगे। उसमें वैसे ही पुराना सामान पड़ा है।"

धक से रह गया अनुज उस अलमारी को बेचने के नाम से। वह सिर्फ अलमारी नहीं, माँ–बाबूजी के स्पर्श का एहसास है। लेकिन मेघा हमेशा शिकायत करती रहती है, "अनुज, हमारी शादी से पहले की है ये अलमारी। मेरा भी मन करता है, अब घर में अपनी पसंद की चीजें लाऊँ। मैं कब अपने मन की करूँगी अनुज? कितने सालों से ऐसे ही रहती आ रही हूँ।"

अनुज के सामने मेघा और माँ के चेहरे गड्डमड्ड होने लगे। इसी तरह अनुनय करती थी माँ–बाबूजी से एक अलमारी और ड्रेसिंग टेबल के लिए। बाबूजी अपनी छोटी सी कमाई में से पैसे जुटाकर माँ के लिए यह एकमात्र बड़ी चीज खरीद पाए थे। ड्रेसिंग टेबल तो कभी आई ही नहीं। अभावों से सजी उस गृहस्थी में वह नक्काशीदार अलमारी एकमात्र शान की वस्तु थी। अपने बच्चे की तरह सँभालती थीं माँ उसे। बाबूजी का सारा सामान उसी में रखती थीं। आज भी वो अलमारी बेहद खूबसूरत है। बस, जरा पुरानी हो गई है। अनुज ने स्नेह से अलमारी पर हाथ फेरा। मानो माँ–बाबूजी के चेहरों का स्पर्श कर रहा हो। जाने कितनी स्मृतियाँ उसकी

आँखों के आगे आने लगीं और आँखें भर आईं।

अनुज का बस चलता तो वह कभी अलमारी न बेचता, पर न जाने क्यों आज उसे मेघा में माँ की झलक दिख रही थी। मेघा ने बहुत किया है, इस परिवार के लिए। माँ-बाबूजी के अंत समय में उसने उनकी बहुत देखभाल की। बेचारी कभी अपने लिए नहीं जी पाई, बिल्कुल माँ की तरह। अनुज के मन में मेघा के लिए ढेर सारा प्यार उमड़ आया। वह मेघा को इन चीजों के लिए तरसने नहीं देगा। उसने निश्चय किया कि अब बाबूजी की तरह वह भी मेघा के लिए उसकी पसंद की अलमारी खरीदेगा। और माँ-बाबूजी तो उसके मन में बसे हैं! उन्हें याद करने के लिए उस पुरानी अलमारी की भला क्या जरूरत। तब बाबूजी ने जो माँ के लिए किया, वह मेघा के लिए करेगा। उसके चेहरे पर खुशी देखने के लिए यह कीमत मंजूर है अनुज को।

अनुज ने दिल को कड़ा किया और मेघा से कह दिया कि वह इस अलमारी को बेचकर पैसे भी जुटा ले और कमरे में जगह भी बना ले। "अरे वे मोहन भैया हैं न, उनसे बात हो गई है। मैं बोल देती हूँ, वे शाम तक ले जाएँगे।" मेघा छोटी बच्ची की तरह हुलस उठी।

एक फीकी हँसी के साथ मेघा के गाल थपथपाकर अनुज निरुद्देश्य ही घर से निकल पड़ा। नहीं, इस अलमारी का विछोह नहीं सह पाएगा वह। उसे घर से निकाले जाते नहीं देख सकेगा। अब रात को ही लौटूँगा, यह सोचकर उसने भी मोहन को अलमारी ले जाने के लिए फोन कर दिया और अपने उमड़ते आँसुओं को रोकने की कोशिश करने लगा। तरह-तरह के खयाल आने लगे उसके मन में। वह समझ नहीं पा रहा था ऐसा क्यों हो रहा है। एक अलमारी ही तो है। कितनी सारी पुरानी चीजें इधर-उधर हो गईं, तब तो नहीं रोया वह। शायद ये माँ-बाबूजी के प्रेम का प्रतीक लगता था उसे, इसीलिए मन ऐसा रुआँसा हो रहा था। अब तक तो मोहन अलमारी ले गया होगा। कमरा कितना खाली-खाली और श्रीहीन लग रहा होगा। एक सूनापन सा तिर आया उसके भीतर। बेचारी मेघा लाख चाह कर भी उसकी पीड़ा नहीं समझ पाएगी।

तीन-चार घंटे सड़क नापने के बाद जब अनुज घर पहुँचा तो कमरे का दृश्य देखकर अवाक् रह गया। अलमारी अभी भी उसी जगह थी, खुली हुई थी और उसमें मेघा ने अनुज का सामान वैसे ही सजाकर रखा हुआ था जैसे माँ-बाबूजी का रखती थीं। अनुज को देखकर मेघा बोली, "पता है अनुज, जब मोहन भैया ये

अलमारी ले जा रहे थे तो मन न जाने कैसा-कैसा हो आया। मना कर दिया मैंने। नहीं अनुज, मैं लाख चाहकर भी यह अलमारी नहीं बेच पाऊँगी। यह है तो लगता है, माँ-बाबूजी का आशीर्वाद है हम पर। अपने जीते जी तो उन्हें ऐसे नहीं जाने दूँगी। दूसरी अलमारी भी आएगी पर इस कीमत पर नहीं। और तुम भी तो इसमें उन दोनों को महसूस करते हो न।"

"तुमने कैसे जाना मेघा," अनुज की आँखों से दो बूँद आँसू छलक पड़े··· कृतज्ञता के···अपनेपन के···और सुकून के। उसकी जीवनसंगिनी ने बिना कहे ही उसकी वेदना समझ ली थी। उसने अपना सिर अलमारी से टिका लिया। मेघा का आश्वस्ति भरा हाथ उसके कंधे पर था। इस वक्त वह स्वयं को दुनिया का सबसे भाग्यशाली इनसान समझ रहा था।